HISTOIRE ANCIENNE

LA CRÉATION DU MONDE

par Michel-Ange.

(Plafond de la Chapelle Sixtine à Rome.)

ABBÉ P. GAGNOL

LICENCIÉ ÈS LETTRES
LICENCIÉ EN HISTOIRE, ANCIEN ÉLÈVE DE L'ÉCOLE DES HAUTES ÉTUDES

COURS D'HISTOIRE

RÉDIGÉ CONFORMÉMENT AUX PROGRAMMES OFFICIELS

(Enseignements classique et moderne)

HISTOIRE ANCIENNE

ÉDITION ABRÉGÉE

DEUXIÈME ÉDITION

PARIS

LIBRAIRIE CH. POUSSIELGUE

RUE CASSETTE, 15

1901

OUVRAGES DE M. L'ABBÉ GAGNOL

Cours d'histoire conforme aux programmes officiels (enseignements classique et moderne). In-18 jésus, avec gravures dans le texte et cartes hors texte, reliure toile pleine.

HISTOIRE ANCIENNE DES PEUPLES DE L'ORIENT	3 »
— DE LA GRÉCE ANCIENNE	3 »
— ROMAINE	4 »
— DE L'EUROPE ET DE LA FRANCE, DE 395 A 1270	4 50
— DE L'EUROPE ET DE LA FRANCE, DE 1270 A 1610	4 75
— DE L'EUROPE ET DE LA FRANCE, DE 1610 A 1789	4 75
— CONTEMPORAINE, DE 1789 A NOS JOURS	5 25

Cours d'histoire, édition abrégée, conforme aux programmes officiels (enseignements classique et moderne). In-18 jésus, avec gravures dans le texte, reliure toile pleine.

HISTOIRE DE LA GRÉCE	1 75
— ANCIENNE	1 75
— ANCIENNE ET DE LA GRÉCE, réunies	3 25
— ROMAINE	2 25
— DU MOYEN AGE, DE 395 A 1270	3 »
— DE L'EUROPE ET DE LA FRANCE, DE 1270 A 1610	3 50
— DE L'EUROPE ET DE LA FRANCE, DE 1610 A 1789	3 50
— CONTEMPORAINE, DE 1789 A NOS JOURS	4 »

Nouveau Cours d'histoire à l'usage des jeunes filles. In-18 jésus, avec gravures dans le texte, reliure toile pleine.

HISTOIRE ANCIENNE	
— DE LA GRÉCE	1 25
— ROMAINE	1 50
— ANCIENNE ET DE LA GRÉCE, réunies	2 »
— ANCIENNE, DE LA GRÉCE ET ROMAINE, réunies	2 50
— DU MOYEN AGE, DE 396 A 1453	4 »
— DES TEMPS MODERNES, DE 1453 A 1789	3 75
— CONTEMPORAINE, DE 1789 A NOS JOURS	4 »

Histoire de France. In-18 jésus, avec gravures dans le texte.

PREMIER COURS	
DEUXIÈME COURS	
TROISIÈME COURS	2 25

PRÉFACE

Par une sorte de curieuse fatalité, il se trouve que l'*Histoire ancienne*, destinée au jeune âge, est de toutes les histoires la moins attrayante et la plus difficile.

Une première difficulté vient de ce que nos connaissances sur l'extrême antiquité sont encore assez incomplètes. Les historiens anciens, Hérodote, Xénophon, Diodore de Sicile, ayant trop souvent accueilli avec une bonhomie surprenante les contes les plus invraisemblables, le chercheur consciencieux ne peut guère demander la science du passé qu'aux monuments retrouvés ou expliqués par les savants de nos jours. Ces monuments sont très instructifs, tant à cause de leurs inscriptions qu'à cause de leurs scènes sculptées ou peintes. Cependant, même complétés par les innombrables papyrus égyptiens ou par les bibliothèques chaldéennes et assyriennes en briques, ils laissent subsister dans l'histoire des Anciens de fréquentes lacunes, d'où plane comme conséquence sur l'ensemble une pénible et déconcertante demi-obscurité. Ajoutons que le style des monuments est en général d'une sobriété peu captivante, et de plus a une saveur archaïque légèrement âpre pour les palais modernes.

Une deuxième difficulté, ce sont les noms propres dont est émaillée l'*Histoire ancienne*. Nos oreilles d'Occidentaux, accoutumées à la suave harmonie de la langue française, qui atténue toutes les **rudesses**, n'acceptent pas volontiers des noms à la physionomie aussi rébarbative ou à la prononciation aussi récalcitrante que ceux de *Râ*, *Ptah*, *Ousirtesen*, *Amenemhat*, *Touthmosis*, *Ramsesempirinri*, *Sevekhotep*, ou *Téglathphalasar*, *Ashournarzipal*, ou même *Naboukoudouroussour*, dont nous avons fait le gracieux et éclatant *Nabuchodonosor*.

Enfin une troisième difficulté est le manque de liaison entre les différentes parties de l'*Histoire ancienne*, composée, comme une œuvre de marqueterie, de pièces en apparence simplement juxtaposées : Hébreux, Égyptiens, Chaldéens et Assyriens, Mèdes et Perses, Phéniciens. Sans doute ces divers peuples n'ont pas vécu isolés les uns des autres, ils ont eu entre eux de fréquentes relations, tantôt amicales, le plus souvent hostiles ; on a noté dans leur religion, dans leurs coutumes, dans leurs arts, dans leur écriture, des analogies frappantes. Mais, en dépit de ces nombreux points de contact, il est manifeste que l'*Histoire ancienne* ne pourra jamais prétendre à l'unité qui se retrouve là où domine un seul peuple, comme dans l'*Histoire romaine*, ou au moins une seule race, comme dans l'*Histoire grecque*. Or, quand l'unité manque, l'intelligence saisit mal, et la mémoire retient plus mal encore.

Ne pouvant supprimer toutes les difficultés inhérentes à l'*Histoire ancienne*, nous avons du moins cherché à en faire disparaître le plus grand nombre possible. Ainsi nous avons passé rapidement sur les faits de la politique extérieure ; ces faits sont presque exclusivement des guerres interminables, revenant presque toujours les mêmes, monotones et peu intéressantes. En revanche, une part beaucoup plus large que dans les précédentes éditions a été faite

à la géographie physique, à la religion, à l'organisation politique et sociale, aux mœurs, à l'industrie,
aux arts, aux monuments, bref, à la civilisation :
étude moins aride et mieux appropriée à de jeunes
intelligences. Les noms propres n'ont été retenus
que dans la mesure d'une absolue nécessité.

Comme on le faisait autrefois, et contrairement
au programme officiel, nous donnons à l'histoire des
Hébreux la place qui lui revient de droit, c'est-à-
dire la première. Il paraît difficile de commencer
l'histoire du monde autrement que par le récit de
la Création et par l'exposé de la vie des premiers
hommes. Or le récit de la Création n'ayant jusqu'ici
été présenté d'une manière plausible que par la
Genèse, et, dans la pensée de l'auteur de la Genèse,
étant une simple introduction à l'histoire des Israélites, cette histoire est la continuation naturelle,
attendue, de l'histoire des origines de l'humanité.
D'ailleurs, dépositaire de la religion révélée, dépositaire aussi des promesses divines d'un Rédempteur
faites à l'humanité déchue, le peuple hébreu, à ce
double titre, pour nous chrétiens, mérite assuré-
ment de passer avant tous les peuples.

L'ordre adopté pour l'énumération des autres
peuples, Égyptiens, Assyriens et Babyloniens, Mèdes
et Perses, Phéniciens, n'est pas arbitraire. Les
Hébreux mis à part pour des raisons spéciales, les
Égyptiens doivent venir en premier lieu, ayant fondé
les plus anciennes monarchies, qui remonteraient,
suivant quelques-uns, au moins à cinq mille ans
avant Jésus-Christ. Les Assyriens et les Babyloniens,
qui viennent ensuite, sont jeunes par rapport aux
Égyptiens : leur empire ne fut fondé que vers 1300
avant J.-C., au moment où celui des Pharaons, vieilli
déjà et épuisé, entrait en décadence. Plus jeunes

encore sont les Mèdes et les Perses, dont les premiers rois authentiques ne remontent guère au delà de la chute de Ninive et de l'empire assyrien. Quant aux Phéniciens, ils étaient plus anciens que les Mèdes et les Perses, que les Assyriens et les Babyloniens eux-mêmes, puisque leurs cités florissaient plus de quinze cents ans avant Jésus-Christ. Mais, constamment soumis à la domination étrangère, à l'Égypte ou à l'Assyrie d'abord, puis à la Perse, ce peuple de marchands n'a droit qu'au dernier rang.

C'est un grand et imposant spectacle que celui de ces vieux empires, dont les plus anciens, remontant presque au berceau de l'humanité, ont laissé derrière eux sur le sol tant de monuments splendides, témoins en quelque sorte indestructibles de leur puissance. Que nos jeunes amis cependant, ne se laissent point éblouir par leur éclat ; avec un peu de réflexion, ils verront facilement ce qui leur a manqué, et ils comprendront mieux par la comparaison quel bienfait est venu apporter au monde le christianisme.

HISTOIRE ANCIENNE

DES PEUPLES DE L'ORIENT

LES COMMENCEMENTS DE L'HUMANITÉ

CHAPITRE I

LE MONDE ET L'HOMME JUSQU'AU DÉLUGE

SOMMAIRE

Création du monde. — Création de l'homme. — Adam et ses enfants. — Descendance d'Adam. — Le déluge.

I. — Le monde.

De toute éternité, Dieu seul existait. Le monde fut l'œuvre de sa puissance et de son amour. Comment le monde est sorti des mains de son Créateur, c'est ce que la Bible va nous apprendre dans un langage aussi simple que sublime.

« Au commencement des temps Dieu créa le ciel et la terre. Or la terre était vide et informe, et les ténèbres la recouvraient. Dieu dit : Que la lumière soit! Et la lumière fut. — Ce fut l'œuvre du premier jour.

« Dieu dit encore : Que le firmament soit fait, pour séparer les eaux d'autres eaux! Et le firmament fut fait. Dieu l'appela Ciel. — Ce fut l'œuvre du second jour.

« Dieu dit encore : Que toutes les eaux qui couvrent la terre se réunissent en un seul endroit! Et les eaux se réunirent pour former les mers. Puis, sur la terre devenue féconde, Dieu commanda à l'herbe verdoyante de germer, et aux arbres de paraître, chacun avec la semence qui lui permettrait de se reproduire. — Ce fut l'œuvre du troisième jour.

« Dieu dit encore : Que des corps lumineux soient faits pour séparer le jour de la nuit, et distinguer les jours, les saisons et les années. Et le soleil, la lune, les étoiles furent créés. — Ce fut l'œuvre du quatrième jour.

« Dieu dit encore : Que les êtres animés paraissent pour peupler les mers, les airs et les terres. Ainsi furent créés les poissons qui se meuvent au sein des eaux, les oiseaux qui volent dans les airs, et les animaux qui vivent sur la terre. — Ce fut l'œuvre du cinquième jour. »

La création du monde fut donc l'œuvre de cinq jours. Par jours, tous les savants s'accordent aujourd'hui à entendre des périodes plus ou moins considérables d'années. Ces cinq jours peuvent donc représenter des centaines, des milliers même d'années; de sorte qu'il est impossible de fixer une date à la création du monde.

II. — L'homme.

La demeure était prête : l'homme pouvait paraître. Sa création fut l'œuvre du sixième jour. — Dieu, avant de faire l'homme, semble se recueillir : « Faisons, dit-il, l'homme à notre image et à notre ressemblance. » Puis ses mains divines prennent du limon et le façonnent en statue. Ce n'était qu'une statue sans mouvement, inanimée. Dieu envoya sur son visage un souffle mystérieux et puissant qui avec la vie du corps lui donna la vie de l'âme intelligente et immortelle, par laquelle il se sépare du reste du monde et lui commande. — Le lieu de son séjour fut l'Éden, jardin immense, arrosé par quatre grands fleuves, où se trouvait tout ce qui pouvait flatter les yeux ou le goût.

Cependant Dieu dit : « Il n'est pas bon que l'homme soit seul. » Et il envoya à Adam un sommeil pendant lequel il tira une de ses côtes, dont il fit la femme. Adam et Ève étaient innocents et heureux. Mais le démon, jaloux, les poussa à désobéir à Dieu. Cruellement désabusés après leur faute, ils s'entendirent condamner par Dieu à une vie de travail et de souffrances, que devait terminer la grande épreuve de la mort. Ils durent sortir du paradis terrestre : la porte d'Éden se referma sur eux, et un ange, armé d'un glaive flamboyant, fut préposé à sa garde.

Où était situé le paradis terrestre, l'Éden? On ne saurait répondre d'une façon absolument certaine. Toutefois les savants modernes qui se sont occupés de la question inclinent à le placer dans la Mésopotamie.

Nous avons dit plus haut qu'il serait téméraire de fixer une date même approximative pour la création du monde. Il n'en est plus de même pour la création de l'homme; on peut la reporter environ à l'an 8000.

III. — Adam et ses enfants.

Le premier enfant d'Adam et d'Ève fut Caïn; le second, Abel. Abel fut pasteur; Caïn cultiva la terre. Or Dieu rejeta les offrandes de Caïn, et agréa celles de son frère. Caïn en conçut un violent dépit, et, attirant son frère à la campagne, il le tua. Aussitôt la voix de Dieu se fit entendre : « Caïn, qu'as-tu fait de ton frère? Le sang que tu as versé crie vengeance : tu seras maudit, exilé et vagabond. » Dieu défendit pourtant que l'on touchât à sa vie. Mais, ne pouvant supporter la vue des lieux témoins de son crime, Caïn s'enfuit à l'orient de l'Éden. Il y fonda une ville qu'il appela Hénoch, du nom de son premier-né.

Cependant Dieu consola Adam de la perte d'Abel en lui envoyant Seth, dont la pieuse race devait mériter le beau nom d'*Enfants de Dieu*.

Adam vécut encore de longues années. Il ne mourut qu'à l'âge de neuf cent trente ans. Il avait eu de nombreux enfants, même avant la mort d'Abel, puisque Caïn dit à Dieu : « Quiconque me rencontrera, me tuera. » Paroles qui seraient inexplicables, si les contrées voisines n'avaient pas été déjà peuplées.

IV. — Descendants d'Adam.

Après la mort d'Adam, nous voyons les hommes partagés comme en deux camps : celui des *Enfants de Dieu*, issus de Seth, et celui des *Enfants des hommes*, issus de Caïn. Les descendants les plus célèbres de Seth sont : Énos, que l'Écriture loue pour sa piété; Hénoch, qui, après avoir vécu trois cent soixante-cinq ans dans la crainte du Seigneur, fut enlevé du monde; Mathusalem, qui vécut la plus longue vie, neuf cent soixante-neuf ans; enfin Lamech, dont le fils Noé eut à son tour trois fils restés célèbres : Sem, Cham et Japhet.

Vie des premiers hommes. — La race humaine se multiplia avec une étonnante rapidité : les découvertes de la géologie nous montrent les hommes répandus, avant le déluge, sur la plus grande partie de l'ancien continent. Cela ne nous doit point étonner, étant donné la longueur de la vie humaine et l'excessive fécondité des familles. « Et il eut des fils et des filles », dit l'Écriture de chaque patriarche.

Les tribus restées dans les environs du berceau de l'humanité conservèrent une certaine civilisation matérielle. Mais celles qui se répandirent au loin tombèrent peu à peu dans un état de misère voisin de la barbarie. Elles menaient à peu près la vie des sauvages actuels, ignorant tous les arts, ayant pour toute arme et pour tout ustensile des silex grossièrement taillés et des os d'animaux aiguisés.

V. — Le déluge.

Les Enfants de Dieu, séparés d'abord des Enfants des hommes, s'unirent ensuite à eux par des mariages. De ces unions naquirent les géants, race orgueilleuse et impie, dont les excès provoquèrent la colère du Seigneur. Il se repentit d'avoir créé l'homme et résolut de le détruire avec toute la nature animée. Cependant Noé trouva grâce devant ses yeux.

Dieu voulut se servir de ce juste et de sa famille pour repeupler le monde. Il lui commanda donc de construire une arche et d'y entrer, lui et les siens, avec un couple de tous les animaux qui vivent sur la terre ou dans les airs : ce que fit Noé. Alors Dieu ouvrit les cataractes du ciel, et la pluie tomba pendant quarante jours et quarante nuits. Les eaux couvrirent toute la terre et s'élevèrent à quinze coudées au-dessus des plus hautes montagnes. Tous les êtres animés périrent dans cette effroyable catastrophe, dont les traditions de tous les peuples ont gardé le souvenir et dont la science géologique a retrouvé à son tour des traces irrécusables.

Cependant l'arche flottait sur les eaux. Elle finit par s'arrêter, quand l'inondation eut diminué, sur le mont Ararat en Arménie, cime que quelques savants modernes veulent identifier avec une cime du plateau alpestre de Pamir, dans la Petite-Boukharie.

Au bout de dix mois, les sommets des montagnes apparurent. Noé attendit encore quarante jours, puis il lâcha un corbeau, qui ne revint pas. Il lança ensuite une colombe, qui rentra portant au bec un rameau d'olivier vert. Noé, comprenant que les eaux s'étaient entièrement retirées, sortit de l'arche avec sa famille et tous les animaux sauvés du déluge. Le premier soin du patriarche fut d'offrir sur un autel en action de grâces un holocauste au Seigneur. Ce sacrifice lui fut agréable, et il fit avec Noé une alliance, lui promettant que le déluge ne viendrait jamais plus dévaster la terre : le signe de cette alliance fut l'arc-en-ciel.

Noé vécut encore de longues années (350), et il ne mourut qu'à l'âge de neuf cent cinquante ans. Avec lui disparaissent ces longues vies dont la durée nous paraît prodigieuse aujourd'hui, mais qu'expliquent suffisamment et la sobriété des premiers hommes et la vigueur de l'humanité encore peu éloignée de son origine. Ajoutons que, d'après la Bible, la vie humaine fut abrégée à cause des désordres qui avaient excité la colère de Dieu et amené le déluge.

RÉSUMÉ

Dieu crée le monde en cinq jours. Le sixième jour il crée l'homme, à qui il donne Ève pour compagne. D'abord placés dans l'Éden, le premier homme et la première femme en sont chassés pour avoir désobéi à Dieu. Le premier enfant d'Adam, Caïn, tue son frère Abel. Il est maudit pour ce crime, et Dieu, pour consoler Adam, lui envoie Seth. Après la mort d'Adam (à l'âge de neuf cent trente ans), les hommes se partagent en *Enfants de Dieu,* issus de Seth, et en *Enfants des hommes,* issus de Caïn. Les principaux descendants de Seth sont : Énos, Hénoch, Mathusalem et Lamech, père de Noé. Les tribus qui restent dans les environs de l'Éden jouissent d'une certaine civilisation matérielle; les autres vivent en sauvages. Mais toutes, par suite d'unions entre les Enfants de Dieu et les Enfants des hommes, finissent par devenir profondément corrompues. Dieu, pour punir les hommes, envoie le déluge, dont il sauve néanmoins Noé et ses trois fils, Sem, Cham et Japhet, avec leurs familles.

CHAPITRE II

DISPERSION DES HOMMES

SOMMAIRE

Babel. — Les races humaines : Cham, Sem, Japhet.

Babel. — Noé laissait trois fils : Sem, Cham et Japhet, qui avaient déjà eux-mêmes une nombreuse postérité. Peu à peu la masse des descendants de Noé s'écoula des hauteurs voisines de l'Ararat vers les vastes et fertiles plaines baignées par le Tigre et l'Euphrate, appelées primitivement dans l'idiome sémitique *Sennaar :* dénomination que reproduit exactement le nom plus moderne de *Mésopotamie.*

Bientôt les générations nouvelles ne valurent guère mieux que les générations qui avaient été ensevelies dans le grand désastre du déluge. Les hommes ne craignirent point de braver Dieu lui-même, et, pour se mettre à l'abri de ses vengeances, ils résolurent d'élever une tour qui monterait jusqu'au ciel. Mais Dieu, dit l'Écriture,

descendit pour voir cette tour que bâtissaient les fils
d'Adam, et il confondit leur langage, de sorte qu'ils ne
purent plus se comprendre, et Dieu les dispersa sur la
face de toute la terre. La tour resta inachevée, et en
souvenir de la confusion des langues elle fut appelée
Babel, c'est-à-dire *confusion*.

Birs-Nimroud (état actuel).
D'après Chesney, *the Expedition
for the survey of the rivers Euphrates and Tigris.*

On peut voir encore de nos jours les traces de cette
immense construction parmi les ruines qui s'élèvent sur
l'emplacement de l'antique Babylone. Les habitants du
pays l'appellent actuellement *tour de Nemrod* (*Birs-
Nimroud*). C'est un amas informe de briques qui se
sont éboulées en formant des collines.

La tour avait sept étages, ou sept tours emboîtées les
unes dans les autres. Le Birs, dans son état actuel, a
encore une hauteur de quarante-six mètres. La ruine
de Birs-Nimroud est la plus importante de Babylone.
Peu de restes de l'antiquité peuvent lui disputer la
palme de la majesté sévère et inspirent un semblable
intérêt.

La confusion des langues aurait eu lieu au temps de

Phaleg, cinquième descendant de Sem, et vers l'époque de sa naissance, puisque son nom, qui veut dire *séparation*, lui fut donné en souvenir de cet événement. Quoi qu'il en soit, les hommes se dispersèrent quelques générations après le déluge, tout en continuant à former trois groupes distincts se rattachant aux trois fils de Noé.

Les races humaines. — I. LA RACE DE CHAM (*le brûlé du soleil*) émigre la première et fait son patrimoine de l'*Éthiopie* (aujourd'hui *Nubie*), de l'*Égypte* et de la *Libye*. La famille tout entière pourtant ne poussa point jusqu'à l'Afrique; plusieurs tribus s'attardèrent en route et se fixèrent en Asie. C'est ainsi que *Nemrod*, petit-fils de Cham, fonde sur le cours inférieur de l'Euphrate l'empire de Babylone. Ainsi encore *Chanaan*, fils de Cham, peuple les rives occidentales du golfe Persique. Mais ses tribus sont ensuite expulsées on ne sait par qui, et viennent occuper la Syrie méridionale, dont elles détruisent ou soumettent les populations sémitiques. Les plus importantes de ces tribus *chananéennes* furent les *Phéniciens*.

II. RACE DE SEM. — Cette race s'ébranla la deuxième et peupla l'Asie occidentale, où elle se heurta plus d'une fois à l'élément chamite. Elle descendit lentement les fertiles régions arrosées par le Tigre et l'Euphrate, occupa la Mésopotamie, s'avança jusque sur les bords du golfe Persique, où elle disputa, en Chaldée, la prépondérance aux fils de Nemrod, s'établit solidement dans le pays de l'*Élam* ou *Susiane*, et pénétra même dans la Perse, où elle fut plus tard absorbée par les *Aryas* ou descendants de *Japhet*. D'autres tribus, marchant droit à l'ouest, peuplèrent la *Lydie* et la *Syrie*.

Des descendants de Sem les plus célèbres furent *Assur*, qui fonda sur le haut Tigre l'empire de Ninive, et *Héber*, qui devint le père des Hébreux.

Le type de la race sémitique se retrouve aujourd'hui dans les Juifs et dans les Arabes.

III. RACE DE JAPHET. — Partie la dernière, la famille de Japhet devait s'étendre au loin, justifiant ainsi pleinement son nom, qui signifie *extension*. Elle couvrit de ses rameaux non seulement l'Inde, mais encore le vaste plateau de l'Iran, une partie de l'Asie Mineure et toute l'Europe. A cette famille se rattachent les nations germaniques et scandinaves, les Celtes ou Gaulois, les Grecs, les Thraces, les Arméniens, les Mèdes et les Perses, probablement aussi les Hongrois, les Turcs et les Finlandais, enfin les Indous. L'ensemble des nations japhétites est aujourd'hui désigné ordinairement sous le nom de race *indo-européenne*.

Moïse n'a parlé que de la race blanche. — En exposant la filiation des peuples, Moïse se borne à une seule des grandes races humaines, à la race blanche; il ne dit rien des trois races inférieures, la jaune, la rouge et la noire. C'est que son but n'est pas de décrire l'origine de tous les peuples qui composent l'humanité, mais seulement de ceux que connaissait le peuple hébreu, ou qu'il lui importait le plus de connaître.

Les peuples non mentionnés pourraient venir, entre autres hypothèses, de quelques familles issues des trois fils de Noé, qui se seraient séparées du tronc commun dans le temps qui s'écoula entre le déluge et la construction de la tour de Babel.

RÉSUMÉ

La postérité des enfants de Noé s'écoule de l'Ararat vers la Mésopotamie. Elle ose braver Dieu par la construction de la tour de *Babel;* mais Dieu confond les langages, et les hommes se dispersent. Babel, ou tour de Nemrod, réparée par Nabuchodonosor, est aujourd'hui une masse énorme de ruines sur l'emplacement de Babylone.

La race de Cham va occuper l'Éthiopie, l'Égypte et la Libye. Quelques tribus s'établissent sur le cours de l'Euphrate, où elles sont ensuite dominées par l'élément sémite : Nemrod, fondateur de Babylone, était petit-fils de Cham. D'autres, formant la descendance de Chanaan, fils de Cham, peuplent les rives occidentales du golfe Persique, d'où elles passent en Syrie.

La race de Sem peuple la Mésopotamie, la Susiane, l'Arabie, la Lydie et la Syrie.

La race de Japhet, la plus considérable, peuple le plateau de l'Iran, l'Inde, l'Asie Mineure et toute l'Europe.

LES HÉBREUX

CHAPITRE I

DEPUIS LA VOCATION D'ABRAHAM JUSQU'A L'EXODE (2000-1500)

ABRAHAM — JACOB — JOSEPH

SOMMAIRE

I. ABRAHAM. — Vocation d'Abraham. — Son séjour en Égypte. — Son séjour en Palestine. — Ruine de Sodome et de Gomorrhe. — Naissance d'Isaac : son mariage. — Mort d'Abraham. — Mœurs patriarcales.

II. JACOB. — Sa fuite en Mésopotamie. — Son retour en Chanaan. — Son séjour près de Bethléem.

III. JOSEPH. — Joseph vendu par ses frères. — Son élévation. — Les frères de Joseph en Égypte. — Jacob en Égypte. — Mort de Joseph.

I. — Abraham (2000).

Vocation d'Abraham. — Les désordres signalés dès les premières années qui suivirent le déluge continuèrent, augmentèrent même, après la dispersion des peuples. La notion vraie de la Divinité était menacée de disparaître. Alors Dieu se choisit dans la postérité de Sem une famille destinée à devenir un grand peuple, chargé de conserver le dépôt des vieilles croyances et des promesses divines. Son choix s'arrêta sur *Abram*, fils de Tharé, descendant d'Héber, arrière-petit-fils de Sem.

Abraham naquit vers l'an 2000, à *Ur*, en Chaldée, c'est-à-dire au sud de Babylone. Ur est marqué aujourd'hui par un monceau de ruines. Mais au temps d'Abraham c'était une ville florissante : on y cultivait les sciences, les arts, l'astronomie, la poésie. Elle était la digne rivale de Babylone.

Tharé et sa famille, on ne sait pour quelle cause, avaient remonté le cours de l'Euphrate jusqu'à *Harrân*, ville située dans une plaine d'une merveilleuse fertilité. Pendant qu'Abraham était à Harrân, la voix de Dieu se fit entendre. « Sors de ton pays, lui disait-elle, de ta parenté et de la maison de ton père, et viens au pays que je te montrerai ; je ferai sortir de toi un grand peuple, et toutes les nations seront bénies dans un de tes descendants. » Abraham obéit. Laissant là son vieux père, il partit avec sa femme Sara, son neveu Lot et tous ses gens. Il franchit l'Euphrate, traversa la Syrie, et vint dans la terre de Chanaan.

Abraham en Égypte. — Une famine obligea Abraham à descendre en Égypte, qui était alors déjà un grenier d'abondance. Le Pharaon d'Égypte, frappé de la merveilleuse beauté de Sara, la fit enlever. Mais Dieu châtia le Pharaon, qui reconnut sa faute et rendit Sara à son époux avec de riches présents.

Retour d'Abraham en Palestine. — Abraham revint avec toutes ses richesses en Palestine, à Béthel, accompagné de son neveu Lot. Mais de fréquentes querelles s'élevèrent entre leurs pasteurs. Abraham dit donc à son neveu : « Qu'il n'y ait point de querelle, je t'en prie, entre mes bergers et les tiens. Toute la terre est devant toi. Si tu choisis la gauche, je prendrai la droite ; si tu préfères la droite, j'irai à gauche. »

Lot se décida pour la riche vallée du Jourdain, et, laissant dans les plaines ses troupeaux, il alla habiter la ville voisine de Sodome. Quant à Abraham, il se fixa dans la vallée de Mambré, près d'Hébron.

Victoire d'Abraham. — Chodorlahomor, roi des Élamites, avait conquis la vallée du Jourdain et soumis entre autres villes *Sodome* et *Gomorrhe*. Après treize ans de soumission, les petits rois de la contrée voulurent secouer le joug. Mais ils furent vaincus dans la *vallée Sauvage*, au sud de la mer Morte, et tués ;

leurs villes furent pillées, et les habitants emmenés prisonniers. Parmi eux était Lot. Abraham, à cette nouvelle, accourt avec ses serviteurs, met en fuite les ennemis, délivre son neveu Lot, et au retour reçoit la bénédiction de Melchisédech, roi de Salem et prêtre du Très-Haut.

Nouvelle promesse d'un fils. Ruine de Sodome et de Gomorrhe. — Cependant Abraham restait sans enfant. Il s'en plaignit au Seigneur. Dieu lui promit une postérité nombreuse comme les étoiles du ciel; changea, comme preuve, son nom d'*Abram* (père élevé) en celui d'*Abraham* (père de la multitude), et lui donna pour signe de son alliance le rite de la circoncision. Abraham crut aux promesses du Seigneur, bien qu'il fût arrivé à l'âge de quatre-vingt-dix-neuf ans, et que Sara en eût quatre-vingt-dix.

Ce fut vers cette époque qu'eut lieu, en punition de leurs crimes affreux, la catastrophe de Sodome et de quatre autres villes. Une pluie de feu et de soufre en dévora tous les habitants. Seul, Lot fut épargné. Les villes coupables disparurent, et sur leur emplacement se répandirent les eaux de la mer Morte.

Naissance d'Isaac. — Abraham vint s'établir pour quelque temps dans le pays de Gérar, non loin de la frontière d'Égypte. C'est là que Sara mit au monde *Isaac* (*on rit.* « Tout le monde rira en apprenant cette nouvelle », avait dit Sara). Cette naissance mit la dispute dans la maison du patriarche, qui avait eu d'Agar, sa servante, un fils nommé Ismaël. Sara exigea le bannissement de Agar et de son fils, qui allaient périr de soif dans le désert, lorsqu'ils furent sauvés par un ange. Ismaël devint le père des Arabes, et fut l'ancêtre de Mahomet.

Abraham remonta vers Mambré, où sa foi fut mise à une rude épreuve. Ce fut là, en effet, qu'il reçut l'ordre d'immoler son fils unique sur le mont Moriah, où fut plus tard bâti le temple de Jérusalem. Mais Dieu se contenta de son obéissance, et ne voulut point le sacrifice. Peu de temps après Sara mourut. Abraham l'ensevelit dans une grotte sépulcrale au pays d'Hébron. Elle avait cent vingt-sept ans.

Mariage d'Isaac. — Devenu très vieux, Abraham désira marier Isaac. Mais, ne voulant point pour lui d'une Chananéenne, il envoya son serviteur Éliézer en Mésopotamie pour choisir à Isaac une épouse de sa race. Éliézer aperçut près d'un puits une jeune fille d'une grande beauté. Il reconnut en elle celle que le Seigneur destinait à son jeune maître. Elle s'appelait Rébecca, était petite-fille de Nachor, frère d'Abraham, et ainsi parente d'Isaac. Elle dit adieu à sa famille et suivit Éliézer dans la terre de Chanaan. Après vingt ans d'union, elle donna à Isaac deux jumeaux, Ésaü et Jacob.

Mort d'Abraham. — Abraham avait vu l'accomplissement des promesses divines, il pouvait mourir maintenant. Il vécut encore quinze ans après la naissance des deux frères, et mourut à l'âge de cent soixante-quinze ans. Isaac et Ismaël le déposèrent dans le tombeau où reposait Sara. On l'a nommé, et avec raison, le *Père des croyants*.

Mœurs patriarcales. — Abraham nous présente le type des patriarches. Comme ses ancêtres, Abraham est pasteur, il est nomade, il ne loge que sous la tente, et sa tente il la promène d'Ur à Harrân, de Harrân à Sichem, de Sichem en Égypte, d'Égypte à Béthel, de Béthel au pays de Gérar, du pays de Gérar à Mambré. Il est d'ailleurs fort riche : c'est par milliers que l'on compte ses chameaux, ses ânes et ses brebis. La religion est mêlée à tous les actes de sa vie; son premier soin, quand il dresse sa tente quelque part, est d'élever un autel et d'invoquer le nom du Seigneur.

Aucune vie ne nous présente des tableaux plus charmants des mœurs simples, naïves, des peuples pasteurs. Qu'on lise, par exemple, le délicieux récit de la rencontre de Rébecca par Éliézer. Ces vieilles mœurs n'ont point disparu, et les voyageurs qui ont vu les tribus errantes des Bédouins en Palestine racontent qu'Abraham y vit encore sous la tente, que Sara y pétrit le pain pour ses hôtes, et que la gracieuse Rébecca y puise toujours de l'eau à la fontaine.

II. — Jacob.

La vie d'Isaac n'offre rien de saillant. Elle s'écoula tranquille dans les pâturages soit de Mambré, soit de Gérar. Jacob devait, au contraire, avoir la vie agitée de son aïeul Abraham. Poursuivi par son frère Ésaü, à qui il avait dérobé la bénédiction d'Isaac, il s'enfuit en Mésopotamie. Il y servit quatorze ans son oncle Laban, pour obtenir la main de sa fille Rachel, et encore dut-il épouser d'abord la fille aînée, Lia. Jacob eut douze fils : Ruben, Siméon, Lévi, Juda, Dan, Nephtali, Gad, Aser, Issachar, Zabulon, Joseph et Benjamin. Ces douze fils furent les ancêtres des douze tribus d'Israël. Les deux plus jeunes, Joseph et Benjamin, étaient seuls nés de Rachel.

Retour de Jacob en Chanaan. — Un jour que Laban était absent, Jacob, las de l'exil, prenant ses femmes, ses enfants, ses troupeaux, s'enfuit et se dirigea vers la terre de Chanaan.

Il fut saisi de crainte quand il apprit qu'Ésaü marchait contre lui avec quatre cents hommes. Dieu le rassura en le faisant lutter toute la nuit contre un ange qui ne put le vaincre et qui lui donna le nom d'*Israël*, fort contre Dieu, d'où le nom d'Israélites porté par ses descendants. Son entrevue avec Ésaü, tant redoutée, fut toute fraternelle. Ésaü courut à sa rencontre, le prit dans ses bras, et le couvrit de baisers et de larmes.

Les deux frères réconciliés se séparèrent : Ésaü retourna au pays de Séir, au sud-ouest de la mer Morte, où étaient ses nombreux troupeaux. Quant à Jacob, il s'établit quelque temps à Salem, ville des Sichémites au pays de Chanaan, puis il remonta vers Béthel, où l'appelait le Seigneur.

Il continuait lentement sa route, et était sur le chemin qui mène à Euphrata (Bethléem), lorsque Rachel mourut en donnant le jour à un fils. Comme son âme, cédant à la douleur, s'échappait de ses lèvres déjà glacées, elle l'appela *Benoni*, l'enfant de ma douleur; **le** père l'appela *Benjamin*, l'enfant de ma vieillesse. Jacob revint dans la vallée de Mambré auprès d'Isaac. Bientôt Isaac mourut plein de jours, à l'âge de cent quatre-vingts ans.

III. — Joseph.

Joseph vendu. — Joseph était le fils de prédilection de Jacob, parce qu'il était né de Rachel. Cette préférence aigrit contre lui ses frères. Un jour qu'ils gardaient leurs troupeaux au pays de Dothaïn, ils saisirent Joseph et le jetèrent d'abord dans une citerne desséchée, où il devait périr de faim; puis ils le vendirent à des Ismaélites qui allaient en Égypte. Sa robe, plongée dans le sang d'un chevreau, fut portée à Jacob, qui, persuadé que Joseph avait été dévoré par une bête féroce, s'abandonna au plus douloureux désespoir.

Élévation de Joseph. — Pendant que Jacob pleurait son fils bien-aimé, ce fils était vendu par les Ismaélites à un eunuque du Pharaon d'Égypte, nommé Putiphar. Joseph gagna vite la confiance de son maître. Mais la femme de Putiphar l'accusa d'un crime odieux, et l'eunuque abusé le fit jeter en prison. Quelques jours après, le Pharaon vit en songe sept vaches brillantes de santé, qui furent dévorées par sept autres vaches d'une maigreur extrême. Personne de ses devins ne put lui expliquer ce songe. Joseph fut plus heureux : après sept années d'une abondance inouïe, l'Égypte devait passer par une famine épouvantable.

Charmé de la sagesse de Joseph, le Pharaon le fit son premier ministre. Il changea son nom en un nom égyptien qui signifie *sauveur du monde*, et lui donna lui-même pour épouse la fille d'un prêtre d'Héliopolis.

Les frères de Joseph en Égypte. — Joseph s'occupa activement de créer des greniers d'abondance. Quand la disette vint, elle le trouva prêt à subvenir à tous les besoins. Le peuple affamé accourait vers le roi, qui se contentait de répondre : « Allez à Joseph. »

La famine sévissait aussi dans le pays de Chanaan,

et les fils de Jacob durent descendre en Égypte, laissant Benjamin seul avec son père. Joseph feignit de les prendre pour des espions. Il retint l'un d'eux, Siméon, promettant de lui rendre la liberté quand il aurait vu Benjamin, le plus jeune des frères. Jacob, consterné, opposa d'abord un refus énergique.

Mais la famine sévissait toujours, et, les provisions épuisées, il fallut bien céder. Les frères retournèrent en Égypte, emmenant Benjamin avec eux. L'émotion de Joseph faillit le trahir quand il vit le jeune homme, fils comme lui de Rachel : « Que Dieu ait pitié de toi, mon fils. » Il n'en put dire davantage. Ses larmes allaient jaillir; il se hâta de sortir, et il pleura.

Après un repas servi à ses frères, il les renvoya en faisant mettre sa coupe dans le sac de Benjamin. Ils étaient peu éloignés, quand les gens de Joseph coururent après eux, les accusant d'avoir volé leur maître. Quel ne fut point leur désespoir lorsqu'on retrouva la coupe! Judas s'offrit à rester en servitude à la place de Benjamin. Joseph n'y tint plus : « Je suis Joseph, s'écriat-il, votre frère, que vous avez vendu en Égypte! » Puis il les embrassa en pleurant, commençant par Benjamin. Il se hâta de les renvoyer avec de riches présents et l'ordre d'amener Jacob. Le vieillard ne se fit point prier : « Il suffit; si mon fils Joseph vit encore, j'irai, je le verrai, et après je mourrai. »

Jacob en Égypte. — Le patriarche, à son entrée en Égypte, rencontra son fils, accouru au-devant de lui jusqu'à la terre de Gessen. « Je mourrai joyeux maintenant, s'écria le bienheureux père, puisque j'ai vu ton visage. » Présenté avec toute sa famille au Pharaon, Jacob en reçut l'accueil le plus bienveillant, et Joseph obtint l'autorisation de l'établir dans la riche terre de Gessen, au nord de la mer Rouge. L'arrivée du patriarche eut lieu sous les rois *Hycsos* ou *Pasteurs*, qui appartenaient aux tribus chananéennes venues d'Asie, et s'étaient emparés de toute la basse Égypte.

Mort de Jacob. — Jacob mourut dix-sept ans après, à l'âge de cent quarante-sept ans. Avant de mourir il appela Joseph, lui fit jurer de ne point l'ensevelir en Égypte, et bénit ses deux fils Éphraïm et Manassé ; puis il bénit ses propres enfants, réservant une bénédiction toute spéciale à Juda, de qui devait naître le Sauveur du monde, et à Joseph, qui en était la figure. Joseph fit embaumer son corps avec soin, et l'Égypte le pleura pendant soixante-dix jours. Le grand deuil fini, le corps fut solennellement transporté à Mambré.

Mort de Joseph. — Les frères de Joseph craignaient son ressentiment après la mort de leur père ; mais il calma leurs craintes par de douces et aimables paroles. Il vécut cent dix ans. Sa mémoire resta bénie et vénérée de tous ; longtemps encore son souvenir seul suffit à défendre et à protéger son peuple.

RÉSUMÉ

Au milieu de l'impiété générale, Dieu se choisit Abram, descendant d'Héber et de Sem, pour conserver le dépôt des vieilles croyances. Abram, à l'appel de Dieu, quitte sa patrie, Ur, en Chaldée, pour venir en Chanaan. La famine l'oblige à passer en Égypte ; il revient se fixer en Palestine, près d'Hébron, pendant que son neveu Lot s'établit dans la vallée du Jourdain. Abram délivre son neveu, enlevé par le roi des Élamites, reçoit de Dieu l'assurance qu'il lui naîtra un fils, mais ne peut obtenir la grâce de Sodome, qui est dévorée par le feu céleste.

Abram, maintenant Abraham, voit enfin naître ce fils tant désiré, Isaac. Il le marie à sa cousine Rébecca, a le bonheur de contempler ses deux petits-fils Ésaü et Jacob, puis meurt âgé de cent soixante-quinze ans.

La vieillesse d'Isaac est attristée par la querelle qui s'élève entre ses deux fils. Fuyant la colère d'Ésaü, Jacob se sauve en Mésopotamie, auprès de son oncle Laban, dont il épouse les deux filles, Lia et Rachel. Il en aura douze fils. Il revient au pays de Chanaan, se réconcilie avec Ésaü et va s'établir à Hébron, auprès d'Isaac. En route il perd près de Bethléem Rachel, qui meurt en donnant le jour à Benjamin.

Joseph, un des deux fils préférés de Jacob, est vendu par ses frères à des Ismaélites, qui le conduisent en Égypte. Il y devient intendant de Putiphar, puis premier ministre du Pharaon. Ses frères viennent deux fois en Égypte y chercher du blé. Joseph se révèle à eux, fait venir son père, qu'il établit dans la terre de Gessen. Jacob meurt à l'âge de cent quarante-sept ans et est enseveli à Hébron. Joseph meurt âgé de cent dix ans.

CHAPITRE II

L'EXODE (1500)

SOMMAIRE

I. Israël en Égypte. — Persécution d'Israël. — Naissance de Moïse. — Moïse devant le Pharaon.
II. Moïse et l'Exode. — Route vers le Sinaï. — Les Hébreux au pied du Sinaï.
III. La Loi : religieuse, politique, civile, pénale. — Culte. — Esprit de la législation.
IV. La marche dans le désert. — Prodiges et révoltes. — Arrivée sur le Jourdain. — Mort de Moïse.

I. — Les Israélites en Égypte jusqu'à Moïse.

Persécutions. — Les Hébreux, venus au nombre de soixante-dix avec Jacob dans le riche pays de Gessen, formèrent bientôt un petit peuple au milieu des Égyptiens. Tout en demeurant sous la dépendance des Pharaons, ils avaient leurs chefs particuliers et jouissaient d'une assez grande liberté.

Mais ensuite cette prospérité s'altéra. Les anciens rois, qui s'étaient maintenus dans la Thébaïde, avaient fini par chasser du pays les rois Pasteurs. « Il s'éleva, dit l'Écriture, un roi nouveau qui ne connaissait pas Joseph. » Ce roi était *Sésostris*. Il persécuta les Hébreux, et, pour les empêcher de se multiplier, il ordonna de jeter au Nil tous les enfants mâles.

Naissance de Moïse. — Cependant une femme de la tribu de Lévi, nommée Jochabed, mit au monde un fils. Elle le cacha pendant trois mois; puis, ne pouvant plus le dissimuler, elle l'exposa en pleurant dans une corbeille sur le fleuve. Dieu voulut que la fille du Pharaon, nommée Tirmouthis, vînt sur les rives pour se baigner. Apercevant cet enfant, émue de compassion, elle le fit retirer, lui donna le nom de Moïse (*sauvé des eaux*), l'éleva dans son propre palais, où l'enfant fut instruit par les prêtres dans toutes les sciences des Égyptiens.

Devenu grand, Moïse quitta la demeure de sa bienfaitrice, et alla retrouver ses frères les Hébreux. Il fut vivement touché de leur sort. Voyant un jour un Égyptien qui maltraitait un Israélite, il le tua puis se sauva dans l'Arabie Pétrée, chez les Madianites, où le prêtre Jéthro, touché de sa vertu, lui donna la main de sa fille Séphora.

Moïse devant le Pharaon. — Comme Moïse gardait les troupeaux de son beau-père, il aperçut un buisson qui brûlait sans se consumer. Étonné de ce prodige, il s'approchait, lorsqu'une voix sortant du buisson ardent lui cria : « N'approche point, ôte la chaussure de tes pieds, car ce lieu est une terre sainte... J'ai vu l'affliction de mon peuple, et entendu son cri contre la dureté de ceux qui président à ses travaux. Viens donc, c'est toi que j'enverrai à Pharaon pour tirer d'Égypte mon peuple, les fils d'Israël. »

Aux ordres du Seigneur, le Pharaon, qui était maintenant Meneuphtah, ne répondit que par des blasphèmes. « Qui est le Seigneur, pour que j'écoute sa voix et que je laisse aller Israël? Je ne connais point ce Seigneur, et je ne laisserai point aller Israël. »

L'opiniâtre insolence du Pharaon fut punie des fléaux célèbres connus sous le nom des *dix plaies d'Égypte*. Il s'avoua vaincu après la dixième plaie, qui enleva tous les premiers-nés du royaume, et le fils même du roi. Pharaon appela Moïse et Aaron, son frère, cette nuit même, et leur dit : « Levez-vous, sortez de mon royaume, et en partant détournez de moi la colère du ciel. »

Pendant que l'ange exterminateur frappait les premiers-nés des Égyptiens, les Israélites s'étaient préparés à leur départ par la célébration de la Pâque. Ils partirent au nombre de six cent mille hommes, sans compter les femmes et les enfants; et ils emmenaient une foule innombrable de serviteurs, de brebis, de bœufs et autres richesses. Ils étaient restés en Égypte quatre cent trente ans.

II. — Moïse et l'Exode jusqu'au Sinaï (1500).

Route vers le Sinaï. — La route la plus directe pour aller en Chanaan était de suivre les bords de la Méditerranée et de passer par la terre des Philistins, mais elle était dangereuse. Moïse se dirigea donc vers la mer Rouge et la presqu'île du Sinaï.

Cette route, fort longue, nécessitait l'intervention presque constante de la Providence. Dieu ne manqua point à son peuple. Il lui fit d'abord passer à pied sec la mer Rouge et engloutit dans les flots les Égyptiens lancés à sa poursuite. Plus loin, l'eau potable manqua : Moïse adoucit les eaux amères des fontaines de Marah. Au désert de Sin, les Hébreux souffraient de la faim : Dieu leur envoya la manne. Dans le voisinage d'Horeb, le peuple manqua d'eau : Moïse fit jaillir des sources abondantes en frappant le rocher de sa verge. A Raphidim, Israël fut attaqué par les Amalécites; il resta vainqueur : Josué combattait dans la plaine, tandis que Moïse priait, les bras étendus, sur la montagne.

Le troisième mois après la sortie d'Égypte, on arriva au pied du mont Sinaï. Là Dieu promulgua sa loi au milieu des éclairs et du tonnerre. Le peuple, à qui Moïse la communiqua, jura solennellement d'y être fidèle. Mais il devait bientôt se parjurer.

Les Hébreux au pied du Sinaï. — Moïse était retourné sur la montagne pour y recevoir des mains de Dieu les tables de la loi et des instructions sur le culte à lui rendre. Il y resta, enveloppé d'une nuée, pendant quarante jours. Son absence parut longue au peuple, qui se prit à murmurer; pour le calmer, Aaron dut lui fabriquer un veau d'or, devant lequel la foule se mit à offrir des sacrifices et à exécuter des danses sacrilèges. Dieu annonça à Moïse la faute de son peuple. Moïse redescendit aussitôt, et à la vue de la grossière idole son indignation l'emporta : il brisa les tables de pierre sur lesquelles Dieu lui-même avait gravé la loi, puis il invita la tribu de Lévi à fondre avec lui sur ces rebelles; trois mille tombèrent sous le glaive.

Après cette terrible exécution, la bonté du législateur reprit soudain le dessus. Il intercéda vivement auprès de Dieu pour le pardon de son peuple. « Ou pardonnez-lui, s'écria-t-il, ou effacez-moi du livre de vie. » Le

Le *Moïse* de Michel-Ange.

Seigneur se laissa fléchir, et lui commanda de tailler d'autres pierres. Moïse remonta sur le Sinaï, où il resta quarante autres jours sans boire ni manger. Quand il descendit avec les deux tables nouvelles de la loi, la splendeur divine se reflétait sur son visage, et l'éclat en était si vif, que pour parler aux Hébreux épouvantés il dut se couvrir la face d'un voile.

III. — La loi.

La loi publiée sur le mont Sinaï règle la religion, le gouvernement, le code civil et pénal, enfin le culte.

RELIGION. — Le dogme fondamental de la religion mosaïque, c'est le *monothéisme*, l'unité de Dieu : « Écoute, ô Israël, notre Dieu est unique. » Et quel est ce Dieu ? C'est le Seigneur par excellence, *Celui qui est...*, Être immatériel, sans limite dans le temps comme dans l'espace, créateur du ciel et de la terre, et maître de tout ce qui existe.

La morale en est renfermée dans les dix paroles ou commandements gravés par le doigt de Dieu lui-même sur la pierre. — I. Je suis le Seigneur ton Dieu, qui t'a tiré de la terre d'Égypte. Tu n'auras point de dieux étrangers devant moi. — II. Tu ne prendras pas le nom du Seigneur ton Dieu en vain. — III. Souviens-toi de sanctifier le jour du sabbat. — IV. Honore ton père et ta mère, afin que tu vives longtemps sur la terre. — V. Tu ne tueras point. — VI. Tu ne seras point adultère. — VII. Tu ne voleras point. — VIII. Tu ne porteras point de faux témoignage. — IX et X. Tu ne convoiteras point la maison de ton prochain, ni rien de ce qui est à lui. »

GOUVERNEMENT. — Le gouvernement d'Israël était ce que l'on a appelé une *théocratie*. Le vrai roi, c'est Dieu. Il gouverne par ses oracles, que le grand prêtre transmet au chef de la nation.

Au-dessous de Dieu, le chef de la nation fut tantôt de circonstance, comme les *juges;* tantôt permanent, comme les *rois*. Il était assisté du *conseil des anciens,* formé de soixante-dix vieillards.

LOI CIVILE. — La loi civile protégeait l'étranger, les enfants, les femmes, dont les droits ont été méconnus par toutes les législations anciennes. Le maître qui tuait son esclave était puni de mort; l'esclave maltraité devenaît libre. L'usure était défendue, et même tout intérêt, s'il s'agissait d'un prêt entre Hébreux.

Loi PÉNALE. — Le principe fondamental de la loi pénale était la loi du *talion*, qui laissait à l'offensé la liberté de réclamer une compensation pécuniaire, ou d'exiger œil pour œil, dent pour dent. L'homicide volontaire était puni de mort ; l'homicide involontaire pouvait être poursuivi par les parents du mort ; mais la loi avait établi pour le meurtrier six villes de refuge, où il trouvait des tribunaux pour le défendre.

Certains crimes graves étaient aussi punis de mort ; par exemple, l'idolâtrie, la violation du sabbat, la vente d'un homme libre, la rébellion d'un fils envers son père.

Culte. — Le culte devait être avant tout intérieur : « Et maintenant, Israël, qu'est-ce que le Seigneur exige de toi, si ce n'est que tu craignes le Seigneur ton Dieu, que tu marches dans ses voies, que tu l'aimes et que tu le serves de tout ton cœur et de toute ton âme ? » Mais au culte intérieur devait se joindre le culte extérieur, qui était même nécessaire pour fixer ce peuple si amoureux des choses sensibles.

Le **corps sacerdotal** comprenait le grand prêtre, toujours pris dans la branche aînée de la famille d'Aaron, chargé de la haute direction de tout le culte ; les prêtres, qui étaient tous les descendants d'Aaron, chargés des offrandes et des sacrifices ; les lévites, qui étaient tous les membres de la tribu de Lévi, chargés du service du lieu sacré, de la musique et du chant.

Le corps sacerdotal était entretenu par les dîmes. Les tentes de ses familles se groupaient autour du tabernacle.

Le **tabernacle**, précédé d'une vaste cour, appelée *parvis*, était une simple tente en planches recouvertes de peaux et de riches tentures. Un rideau à l'intérieur le divisait en deux parties. La première, le *sanctuaire*, renfermait la table des pains de proposition (douze pains apportés chaque sabbat par les douze tribus) ; le chandelier à sept branches, brûlant toute la nuit, et l'autel des parfums, où l'encens fumait matin et soir. — La deuxième partie, le *Saint des saints*, renfermait l'arche seulement où étaient les deux tables de la loi.

Parmi les **fêtes**, dont plusieurs ne furent naturellement célébrées que plus tard, lorsque les Hébreux se furent fixés en Palestine, trois surtout étaient remarquables :

La *Pâque*, rappelant la sortie d'Égypte; la *Pentecôte*, rappelant la promulgation de la loi sur le Sinaï : c'était aussi la *fête des Moissons*; et la *fête des Tabernacles* ou *des Tentes*, en souvenir du séjour du peuple au désert, où il avait vécu sous les tentes. Elle se faisait à l'époque des vendanges et était la plus gaie de toutes les fêtes juives.

Il faut ajouter le *sabbat*, jour de repos fixé au samedi de notre semaine; l'année *sabbatique*, qui arrivait tous les sept ans : pendant cette année, la terre se reposait, et ce qu'elle produisait sans culture était laissé aux pauvres; enfin l'année *jubilaire*, qui arrivait tous les cinquante ans. La terre se reposait cette année-là aussi; mais, de plus, tous les esclaves d'origine hébraïque étaient libérés; toutes les dettes étaient remises; les débiteurs vendus étaient rendus à la liberté; les maisons et les champs aliénés retournaient à leurs anciens propriétaires.

ESPRIT DE LA LÉGISLATION. — Dure sous certains rapports, parce que la nécessité le demandait, cette législation ne respirait cependant que la charité et l'amour. Peut-on trouver rien de plus délicieux que la page suivante de nos saints Livres?

« Ne cherche point la vengeance; oublie les injures de tes concitoyens. Aime ton prochain comme toi-même... Lève-toi devant la tête blanchie; honore la personne du vieillard; n'insulte pas au sourd, ne mets aucun obstacle sous les pas de l'aveugle.

« Quand tu fais la moisson dans ton champ, si tu oublies une gerbe, ne retourne pas pour la ramasser; mais laisse-la prendre à l'étranger, à l'orphelin, à la veuve, afin que le Seigneur ton Dieu te bénisse dans

toutes les œuvres de tes mains. Quand tu récoltes les
fruits des oliviers, s'il en reste aux arbres, ne retourne
pas pour les cueillir ; mais laisse-les à l'étranger, à l'orphelin, à la veuve. Quand tu feras la vendange de ta
vigne, ne cueille point les grappes qui peuvent rester :
qu'elles soient abandonnées à l'usage de l'étranger, de
l'orphelin, de la veuve. Si tu vois le bœuf de ton frère
ou sa brebis égarée, ne détourne point tes regards, mais
ramène-les à ton frère. Si tu vois le bœuf de ton *ennemi*
ou son âne égaré, ramène-les-lui. Si tu vois l'âne de
celui qui te hait tombé sous son fardeau, aide-le à se
relever. »

IV. — La marche dans le désert.

Prodiges et révoltes. — Environ deux ans après
la sortie d'Égypte, Moïse donna le signal du départ pour
la terre promise. Pendant cette marche, qui fut pénible,
les murmures des Hébreux éclatèrent à plusieurs reprises. Une première révolte contre Moïse fut punie d'un
embrasement qui ne s'arrêta qu'à la prière du prophète.
Une deuxième, causée par le dégoût de la manne et
le regret des oignons d'Égypte, fut suivie d'une maladie
étrange qui fit des milliers de victimes. Quelque temps
après, Marie elle-même, sœur de Moïse, osa murmurer
contre son frère ; elle en fut punie par une lèpre honteuse.

Enfin on arrive à Cadès-Barné, non loin de la terre
promise. De là, Moïse envoie dans la terre de Chanaan
douze explorateurs. Ils reviennent avec des échantillons
de l'incroyable fertilité du pays, mais aussi avec des
paroles de découragement. Cette terre, disent-ils tous,
à l'exception de Josué et de Caleb, nourrit des géants,
la conquête en est impossible. De violentes récrimina-
tions éclatent alors contre Moïse. Dieu veut exterminer
cette plèbe ingrate et indisciplinée ; mais Moïse inter-
cède, et Dieu fléchit ; cependant il déclare qu'aucun de
ceux qui sont là ayant plus de vingt ans, sauf Josué et
Caleb, n'entrera dans la terre promise. Tous mourront
dans le désert.

De fait, pendant trente-huit ans, Israël promena ses tentes du golfe Élanitique à Cadès-Barné, et de Cadès-Barné au golfe Élanitique. Le désert qu'il parcourut dans tous les sens est appelé encore aujourd'hui par les Arabes : *Égarement des enfants d'Israël.*

Révolte de Coré, Dathan et Abiron. — Ce long séjour au désert ne fut signalé que par la rébellion des lévites Coré, Dathan et Abiron, qui osèrent disputer le sacerdoce à la famille d'Aaron. Moïse, ne pouvant avoir raison des mutins, les assigna au tribunal de Dieu. Soudain la terre s'entr'ouvrit sous leurs pieds, et ils furent engloutis, eux, leurs familles et tous leurs biens.

Fin du séjour au désert. — Les quarante ans étaient écoulés, et le terme du séjour dans le désert était proche. Israël était revenu à Cadès-Barné. La disette d'eau se faisait sentir, et le peuple, suivant son habitude, murmurait et regrettait l'Égypte. Dieu commanda à Moïse de faire jaillir de l'eau du rocher. Moïse obéit; mais comme il avait douté un instant, ainsi que son frère Aaron, tous deux furent condamnés à mourir avant d'entrer dans la terre promise. La sentence ne tarda pas à s'accomplir pour Aaron. Il mourut et fut enterré sur la montagne de Hor, après avoir cédé le souverain pontificat à son fils aîné Éléazar.

Pour éviter le territoire des Édomites, que Dieu lui défendit d'attaquer, parce qu'ils étaient ses frères (ils descendaient d'Ésaü), Israël dut faire un long détour, revenir sur les bords de la mer Rouge, et remonter ensuite par l'Arabie Pétrée.

Conquête de la rive gauche du Jourdain. — Israël devait s'ouvrir un passage à force de combats. Favorisés par le Seigneur, ces combats furent autant de victoires. Le roi des Amorrhéens, le roi des Madianites, le roi des Moabites, furent tour à tour vaincus et tués. Toute la rive gauche du Jourdain était soumise. C'était une terre abondante en eaux et en riches pâturages. Elle tenta les tribus de Ruben, de Gad, et la moitié de Manassé, qui demandèrent à s'y fixer.

Mort de Moïse. — On était en face de la terre promise. La fin de la carrière de Moïse était arrivée. Réunissant une dernière fois son peuple, Moïse lui rappelle tout ce que Dieu a fait pour lui, les miracles, les prodiges sans nombre accomplis en sa faveur, et en retour de ces bienfaits il le conjure d'être toujours fidèle à son Seigneur. Puis, après avoir chanté un admirable cantique d'action de grâces, il bénit les douze tribus et leur présente *Josué*, son successeur. Libre enfin du côté de la terre, il monte sur les hauteurs du Nébo, et là, le visage tourné vers la terre promise, il meurt, âgé de cent vingt ans. Il fut enseveli dans la terre de Moab, et nul « n'a jamais connu son tombeau ».

Ainsi mourut Moïse, *le serviteur de Dieu*, comme l'appelle la Bible ; le plus grand prophète qu'ait jamais suscité la Providence ; homme admirable de foi en Dieu, de patience et de charité pour les fautes sans cesse renouvelées d'un peuple indocile et grossier ; législateur sublime, le plus grand des hommes après Jésus-Christ, qui n'est pas seulement un homme !

RÉSUMÉ

Les Hébreux se multiplient merveilleusement en Égypte ; mais il s'élève un Pharaon qui n'avait pas connu Joseph, Ramsès II ou Sésostris, qui les persécute. Moïse, sauvé des eaux par la fille même du Pharaon, reçoit de Dieu la mission de délivrer son peuple. Le Pharaon ne consent au départ d'Israël qu'après la dixième plaie d'Égypte. Moïse (1500) dirige le peuple vers le mont Sinaï, où il arrive après de nombreux prodiges. Sur le mont Sinaï Dieu donne sa loi, qui règle à la fois les croyances, le culte, le droit politique, civil et pénal.

Après un séjour de deux ans au pied du Sinaï, les Hébreux marchent à travers le désert vers la Palestine. Mais, à cause de leurs révoltes perpétuelles, Dieu décide qu'ils resteront encore trente-huit ans dans le désert. Ce long *égarement des enfants d'Israël* est signalé par la révolte et le châtiment des lévites Coré, Dathan, Abiron. On arrive enfin sur la rive gauche du Jourdain, où se fixent les tribus de Gad, de Ruben et la moitié de Manassé. Moïse meurt sur le mont Nébo, le visage tourné vers la terre promise. Son frère, le grand prêtre Aaron, était mort déjà sur le mont Hor.

CHAPITRE III

GÉOGRAPHIE DE LA PALESTINE

SOMMAIRE

Limites. — Le Jourdain. — Aspect général. — La mer Morte. — Fertilité de la Palestine. — Populations.

Limites. — La *Palestine* proprement dite, successivement appelée *terre de Chanaan*, *terre des Hébreux*, *terre d'Israël*, *Judée*, *Terre sainte*, est située tout entière sur la rive droite du Jourdain. Elle va de l'Hermon, gros nœud méridional de l'Anti-Liban, à l'extrémité de la mer Morte, où commence le désert. Mais les Israélites occupèrent de plus, du vivant de Moïse même, la rive gauche du fleuve, qui n'a pour limites à l'est que les sables du désert.

Le Jourdain. — Le Jourdain, le *rapide* pour les Hébreux, l'*abreuvoir* pour les Arabes, formé par trois sources descendues de l'Hermon, alimente d'abord le lac Mérom ; puis, quatre lieues plus bas, le beau lac de Galilée, appelé aussi lac de Tibériade, de Génésareth, aux eaux bleues et toujours limpides comme le cristal, enfin il descend dans la mer Morte.

Son cours n'est que de deux cent vingt kilomètres en ligne droite, de quatre cent trente en suivant ses nombreux méandres, sa largeur de trente mètres en moyenne, et sa profondeur de trois à quatre mètres. Fleuve médiocre, on ne le distingue à distance que par les roseaux, les saules, les tamarisques qui bordent son cours. Il deviendrait bien vite un simple torrent, tant l'évaporation est considérable dans la vallée torride où il se déroule, si chaque année il n'était alimenté par la fonte des neiges de l'Hermon.

Le Jourdain est profondément encaissé entre deux chaînes de montagnes, prolongement, à l'ouest, du

Liban, et à l'est, de l'Anti-Liban. La chaîne de l'ouest court sous les noms de monts de Galilée, d'Éphraïm et de Judée, et projette vers la mer la branche du Carmel. Elle renferme des cimes célèbres : le Thabor, le Gelboé, le Moriah. La chaîne de l'est, qui porte les noms de monts de Giléad, de Moab, et renferme la cime du Nébo, va finir au mont Séir, dans l'Idumée.

Aspect de la Palestine. — Les deux régions séparées par le Jourdain, offrent un caractère bien différent. Dans les régions de l'ouest, un sol tourmenté indique l'action des tremblements de terre; il forme un entassement de collines arrondies, d'un terrain généralement pierreux et maigre, coupé de ravins et percé de grottes et de cavernes. On y voit : au nord, le gracieux pays de Galilée, dominé par les monts célèbres du Thabor, de Gelboé et du Carmel; au centre, la région montagneuse de la Samarie et de la Judée, dont les nombreuses petites vallées, inclinées vers la Méditerranée, aboutissent à la riche et fraîche plaine de Saron, au sud, l'aride Idumée, qui touche au désert.

Les régions de l'est, connues d'abord sous le nom de pays de Giléad, puis de Pérée, présentent à huit cents mètres environ plus haut que le Jourdain un plateau largement ondulé en vastes pâturages. Vers le sud, les arbres y sont rares et clairsemés; mais à mesure que l'on monte vers le nord, ils forment de véritables bois où le hêtre, le pin, le chêne-liège, le sycomore, se mêlent aux térébinthes et à d'énormes figuiers.

Mer Morte. — La mer Morte, située à quatre cents mètres au-dessous du niveau de la Méditerranée, au milieu de montagnes abruptes et dénudées, a seize lieues de long sur quatre environ de large. Elle n'existe dans ses dimensions actuelles que depuis la destruction de Sodome et de Gomorrhe.

La partie méridionale de cette mer formait autrefois une riche vallée que la Bible appelle tantôt la *vallée Silvestre* ou *Sauvage*, tantôt le *Paradis du Seigneur*. Cinq villes y florissaient, qui furent consumées par le feu du ciel pour leurs crimes. En même temps que tombait la pluie de feu et de soufre, un affaissement du sol se produisit, et, sous l'action d'un tremblement de terre, il s'y forma une dépression peu profonde, sur laquelle se précipitèrent les eaux de la mer Morte.

Tout autour de la mer Morte, le sol n'est qu'une mine de sel gemme et d'asphalte. Les eaux du lac sont cinq ou six fois plus salées et plus lourdes que celles de l'Océan, si bien que le corps humain n'y peut enfoncer. Elles ne nourrissent aucun poisson, sur leurs bords on ne voit aucune plante. Les rivages sont arides et désolés; la chaleur, en tout temps, intolérable. Cependant on trouve de fraîches oasis aux abords des torrents qui se jettent dans la mer.

Beauté et fertilité de la Palestine. — La Palestine n'avait point alors l'aspect morne et désolé qui frappe aujourd'hui l'étranger, grâce à l'incurie des musulmans et à leur brutal déboisement des montagnes, qui a tari les sources et fait crouler les terres fertiles. « L'Éternel ton Dieu, avait dit Moïse à son peuple, te conduit dans un bon pays, pays à torrents d'eau, à sources souterraines, jaillissant dans la vallée et sur la montagne; pays de froment, d'orge, de vignes, de figuiers, de grenadiers, d'olivier, d'huile et de miel. »

Le terrain de la Palestine était moins fertile que celui de l'Égypte et de la Babylonie; mais il valait mieux pour la grande variété de ses produits : il renfermait de magnifiques forêts de cèdres, de gras pâturages et de belles cultures. L'orge, le blé, le lin, y venaient bien. On trouvait surtout de gros revenus dans les produits des vignes et des oliviers, objet d'un commerce considérable avec les Phéniciens. Les palmiers, les figuiers, les noyers, les amandiers, les pistachiers, les grenadiers, les orangers, les citronniers, les lauriers-roses s'y trouvaient mêlés à de nombreuses plantes aromatiques, dont la plus célèbre était le baumier. Les Hébreux y retrouvèrent en abondance les melons, les concombres, les citrouilles, les oignons d'Égypte, dont ils étaient si friands.

Peuples habitant la Palestine au moment de

la conquête. — Sur la rive gauche, tout près du fleuve, étaient les Amorrhéens, de race chananéenne ; puis, du nord au sud, les peuples de Basan ; les Ammonites et les Moabites, descendants de Lot ; les Madianites, descendants d'Abraham ; sur la rive droite, diverses peuplades chananéennes, et de plus, au nord, les Sidoniens ou Phéniciens ; au sud-ouest, les Philistins, qui possédaient cinq villes : Gaza, Ascalon, etc. ; au sud, les Amalécites, et enfin, au sud de la mer Morte, les Iduméens, autour du mont Séir.

RÉSUMÉ

La Palestine, tout petit pays, est tout entière sur les rives du Jourdain, fleuve qui prend sa source au mont Hermon, alimente le lac Mérom, le lac de Tibériade, et va se jeter dans la mer Morte, profonde dépression à quatre cents mètres au-dessous de la Méditerranée. A part les deux plaines de Jezréel et de Saron, la Palestine, dans son ensemble, est un sol montagneux, où l'on remarque les cimes célèbres du Thabor, de Gelboé, du Carmel, du Moriah. Elle n'en était pas moins très fertile dans l'antiquité, beaucoup plus fertile que de nos jours, depuis qu'elle a été défigurée par les musulmans. Elle ne nourrissait pas moins de cinq à six millions d'habitants. Ses peuples, avant l'arrivée des Hébreux, étaient sur la rive gauche du Jourdain : les Amorrhéens, les Ammonites, les Moabites et les Madianites ; sur la rive droite, les peuplades chananéennes et les Philistins ; au sud, les Amalécites et les Iduméens.

CHAPITRE IV

CONQUÊTE DE LA PALESTINE

SOMMAIRE

Josué et le passage du Jourdain. — Prise de Jéricho. — Coalition du sud. — Coalition du nord. — Partage de la terre promise. — Mort de Josué.

Passage du Jourdain. — Après avoir pleuré Moïse pendant trente jours, quarante ans précisément après la sortie d'Égypte, Josué, sur l'ordre du Seigneur, lève le camp de Sétim et vient sur les bords du Jourdain. Là il purifie le peuple, puis il commande aux prêtres qui portent l'arche de s'engager dans le fleuve. A l'instant les eaux suspendent leur cours. Les prêtres restent au milieu du fleuve avec l'arche, et tout le peuple passe à pied sec.

Prise de Jéricho. — A cette nouvelle, les princes chananéens sont frappés d'épouvante. Josué, avant de les combattre, implore la protection du Seigneur par le rite, au camp de Galgala, de la circoncision, puis se porte sous les murs de *Jéricho*. Six jours de suite, une fois par jour, l'armée entière, précédée des prêtres portant l'arche, fait le tour de la ville. Le septième jour, au moment où les prêtres sonnent les trompettes sacrées et où le peuple, d'une seule voix, pousse un grand cri, les murailles s'écroulent; la ville est prise, et tous les habitants sont passés au fil de l'épée.

Jéricho prise, les Hébreux se portèrent au cœur du pays, à *Sichem*, dont ils s'emparèrent, selon toute vraisemblance, sans coup férir. Josué éleva sur le mont Hébal un autel de pierres grossières que le fer n'avait point touchées. Sur ces pierres il grava un résumé de la loi, et sur l'autel il offrit des holocaustes au Seigneur.

Coalition du sud. — Craignant pour sa ville le sort de Jéricho, Adonisédec, roi de *Jébus* (Jérusalem), appela à lui quatre autres rois du sud. Josué accourut de Galgala, et remporta, près de *Gabaon*, sur les coalisés une victoire éclatante. Pour achever sa victoire, il commanda au soleil de suspendre sa course, et le soleil s'arrêta. Les villes de Macéda, de Lebna, de Lachis, d'Hébron, rapidement emportées, furent détruites. Toute la Palestine méridionale ainsi ravagée, Josué revint au camp de Galgala.

Coalition du nord. — Une terrible coalition se forme dans le nord, sous l'inspiration de Jabin, puissant roi d'Azor. Les tribus chananéennes réunissent tout ce qu'elles ont de soldats, de chevaux et de chars. Elles sont vaincues et écrasées près du lac Mérom. Azor et une foule d'autres villes sont emportées. La Palestine était à peu près conquise, trente et un rois avaient été défaits par Israël et tués.

Partage de la terre promise. — Josué pouvait maintenant procéder au partage. Deux tribus, Ruben et Gad, et la moitié de la tribu de Manassé, avaient déjà reçu leur part du vivant de Moïse sur la rive gauche du Jourdain. La rive droite fut divisée entre les neuf tribus restantes : au nord, plus tard la Galilée, s'établirent Issachar, Zabulon, Aser, Nephtali ; au centre, plus tard la Samarie, Éphraïm et la demi-tribu de Manassé ; au sud, plus tard la Judée, Dan, Benjamin, Juda et Siméon.

Lévi n'eut point de terres, sa part étant le Seigneur seul. Cependant quarante-huit villes furent assignées aux lévites au milieu des diverses tribus, avec une banlieue suffisante pour l'entretien de leurs troupeaux.

A vrai dire, la Palestine n'avait pas été conquise tout entière. Au milieu des tribus israélites, il restait encore de nombreuses peuplades indépendantes. Jérusalem, alors Jébus, ne devait être prise que par David sur les Jébuséens. Mais les peuplades isolées ne pouvaient créer un danger sérieux. Josué avait donc le droit de croire son œuvre achevée. La paix qui régnait partout ne pouvait plus être troublée que par les fautes d'Israël lui-même.

Mort de Josué. — Devenu vieux, Josué rassembla tout Israël à Sichem ; comme Moïse, il lui rappela les bienfaits du Seigneur, et lui fit jurer de rester toujours fidèle à sa loi. Puis il mourut à l'âge de cent dix ans. Il avait été vingt-cinq ans chef du peuple. Il fut enseveli dans sa propriété, sur la montagne d'Éphraïm, où l'on a retrouvé de nos jours son tombeau, creusé dans le roc.

RÉSUMÉ

Josué fait passer le Jourdain, s'empare de Jéricho, pénètre jusqu'au cœur du pays à Sichem (future Samarie), défait une coalition qui se forme dans le sud sous la direction du roi de Jébus, défait une autre coalition qui se forme dans le nord sous le roi d'Azor ; fait ainsi la conquête de toute la Palestine, où cependant les Phéniciens, les Philistins et des peuplades chananéennes de l'intérieur ne sont pas inquiétées : partage la terre promise entre les tribus, et meurt sur le mont Éphraïm.

CHAPITRE V

LES JUGES
DÉBORA — GÉDÉON — JEPHTÉ — SAMSON — SAMUEL

Josué, en mourant, ne s'était point désigné de successeur. Avec lui disparut l'unité de commandement. Les tribus, laissées à elles-mêmes, furent administrées par leurs propres chefs. L'unité nationale n'en continuait pas moins de subsister; elle était fondée sur l'unité religieuse : un seul Dieu, un seul tabernacle, un seul culte. Tant que cette unité religieuse serait maintenue, l'unité nationale subsisterait aussi, et Israël resterait fort devant ses ennemis.

Malheureusement l'unité religieuse ne tarda pas à être brisée. Loin d'exterminer, comme c'était l'ordre formel du Seigneur, les tribus chananéennes encore non soumises, les Israélites contractèrent avec elles des unions illicites, et peu à peu ils fléchirent les genoux devant leurs idoles. Tout le malheur d'Israël fut dans cet oubli du vrai Dieu. N'ayant plus le même culte, les douze tribus s'habituèrent à vivre isolées, dans un fatal égoïsme qui les laissait exposées, impuissantes, aux coups de leurs ennemis; et, d'un autre côté, ces prévarications devaient amener sur elles les châtiments dont les avait menacées la colère divine. Pendant trois cents ans, l'histoire du peuple hébreu ne sera que celle de ses servitudes, puis de ses délivrances, quand Dieu, fléchi par son repentir, lui enverra des libérateurs.

Caractères des juges. — Ces libérateurs, qu'on désigne sous le nom de *juges,* n'étaient point réellement des juges ni des prophètes : cela n'est vrai que de Débora et de Samuel. C'étaient des chefs suscités par Dieu pour délivrer son peuple, des hommes d'action à qui Dieu communiquait sa force, mais sans leur communiquer toujours son esprit de justice et de sainteté. Leur autorité ne s'étendait point sur tout Israël; elle ne fut souvent reconnue que d'une ou de quelques tribus.

Les juges les plus célèbres furent *Débora*, *Gédéon*, *Jephté*, *Samson* et *Samuel*.

Débora. — La prophétesse Débora, par les armes de Barac, vainquit Sisara, général de Jabin, qui régnait sur les Chananéens du nord, redevenus puissants après la mort de Josué. Dans sa fuite, Sisara se réfugia sous la tente de l'Hébreu Haber, son ami. Mais pendant son sommeil Jahel, femme de Haber, prenant un des clous qui fixaient la tente au sol, l'appliqua sur ses tempes, et d'un coup de marteau l'enfonça à travers son crâne jusque dans la terre. Débora fit alors entendre un chant d'action de grâces :

« Écoutez, rois et satrapes, écoutez le cantique du Dieu d'Israël...

« Bénie soit entre les femmes Jahel, femme de Haber...

« Il lui demanda de l'eau, elle lui donna du lait.

« Mais de sa main gauche elle prit un clou, et de sa droite un marteau; elle a choisi la place pour frapper, et Sisara est tombé.

« Il est tombé, et il a dormi; mais il ne s'est plus relevé. Cependant sa mère regarde par la fenêtre, et s'écrie : Pourquoi son char s'est-il rougi de sang? Pourquoi ses chevaux tardent-ils ? »

Gédéon. — Les Madianites faisaient des incursions continuelles en Palestine, Gédéon fit appel aux quatre tribus de Manassé, d'Aser, de Zabulon et de Nephtali. Plus de vingt mille hommes prirent les armes. Pour montrer que la victoire était due à lui seul, Dieu commanda de ne garder que trois cents braves. Gédéon surprit de nuit le camp des ennemis. Les Israélites s'étaient armés de trompettes et de torches renfermées dans des vases qu'ils brisèrent en criant : « Le glaive du Seigneur et de Gédéon! » Troublés, les ennemis tournèrent leurs armes contre eux-mêmes. Une mêlée épouvantable s'ensuivit : les Madianites furent exterminés, et depuis ce jour on ne parla plus d'eux.

Jephté. — Jephté, ancien chef de brigands, battit les Ammonites. Avant la victoire il avait imprudemment fait le vœu d'immoler la première personne qui s'offrirait à ses regards s'il était vainqueur. Grande fut sa douleur quand, à son retour, la première personne qu'il aperçut fut sa fille, qui accourait vers lui avec des instruments de musique et des chants de triomphe. La jeune fille accepta avec courage son triste sort, et, après avoir pleuré deux mois sa virginité dans les montagnes avec ses compagnes, elle revint s'offrir à son père, qui exécuta son vœu imprudent.

Samson. — Pendant que Jephté luttait avec gloire contre les Ammonites, Samson, un géant, doué d'une force prodigieuse, faisait un mal infini aux Philistins, qui avaient envahi le sud de la Palestine. Cependant les fameux coups de main du héros hébreu ne parvinrent point à délivrer complètement son pays. La ruine des principaux Philistins n'amena pour les tribus israélites qu'un repos momentané.

Désastre sous Héli. — Un moment étonnés, les Philistins reprirent l'offensive. Les Hébreux firent venir l'arche du Seigneur, pour se donner du courage et de la confiance. Mais le Seigneur était irrité de la faiblesse du grand prêtre Héli, qui n'avait que mollement réprimé les honteux scandales de ses deux fils, Ophni et Phinées. Trente mille hommes restèrent sur le champ de bataille d'*Aphec*; les deux fils d'Héli furent tués, et l'arche tomba aux mains des ennemis. A cette dernière nouvelle, le vieux grand prêtre (il était âgé de quatre-vingt-dix-huit ans), saisi de stupeur, tomba à la renverse et se brisa la tête.

Le triomphe des Philistins était complet. Ils emmenèrent l'arche et la déposèrent comme un trophée à Azoth, dans le temple de leur dieu Dagon. Une terrible épidémie les força de la renvoyer. Mais Israël tout entier demeura soumis à ses ennemis. Éclairé enfin sur les tristes conséquences de l'oubli du vrai Dieu et de sa loi, il se tourna sincèrement vers Jéhovah, qui lui envoya cette fois un vrai libérateur.

Samuel. — Ce libérateur fut Samuel. Encore tout jeune enfant, Samuel avait été offert au Seigneur par sa mère; il grandit à l'ombre du sanctuaire, et le Seigneur déjà lui révélait ses oracles. Ce fut lui que Dieu chargea d'annoncer au grand prêtre Héli les malheurs qui seraient le châtiment de sa négligence à corriger les défauts de ses deux fils.

Vingt ans après la funeste bataille d'Aphec, Samuel sortit de sa retraite et convoqua le peuple à *Masphath*. A sa parole les Hébreux, rejetant les vaines idoles, firent pénitence. Au premier bruit de l'insurrection, les Philistins accoururent. La rencontre eut lieu à Masphath même; pendant le combat, Samuel offrait un sacrifice. Dieu, venant au secours de son peuple, fit crever sur les ennemis une horrible tempête qui les frappa d'épouvante; ils furent culbutés et mis en pleine déroute : la Palestine était et resta délivrée.

La royauté. — Samuel jugea Israël jusqu'à sa vieillesse, honoré de tous; mais ses deux fils, Jaël et Abias, qu'il dut mettre ensuite à sa place, ne lui ressemblaient point. Fatigués de leur corruption et de leur injustice, les anciens vinrent trouver Samuel à Rama, et le prièrent de leur donner un roi. Dieu, consulté, lui ordonna de se rendre à leurs désirs.

La période des Juges avait duré un peu plus de trois cents ans.

RÉSUMÉ

Israël, demeuré après Josué sans chef général, se mêle par des mariages aux tribus chananéennes, et Dieu l'en punit en le livrant à ses ennemis. Quand il se repent, Dieu lui envoie des libérateurs, nommés improprement *Juges*. Les principaux sont la prophétesse *Débora*, qui, par la main de Barac, bat Sisara, général du roi d'Azor; *Gédéon*, qui délivre Israël des Madianites; *Jephté*, qui bat les Ammonites; *Samson*, qui s'illustre contre les Philistins; enfin le prophète *Samuel*, qui répare la sanglante défaite subie par les Hébreux sous le grand prêtre Héli à *Aphec* et obtient pour eux sur les Philistins la brillante victoire de *Masphath*. Samuel reste juge d'Israël jusqu'à sa vieillesse, puis donne à Israël un roi.

CHAPITRE VI

LES ROIS

I. — Saül (1094-1055).

Saül roi. — Le premier roi d'Israël fut *Saül,* fils de Cis, d'une des plus humbles familles de la tribu de Benjamin. L'élu du Seigneur était jeune, beau et brave, et il surpassait de la tête tous les enfants d'Israël. Accueilli dans l'assemblée de Masphath par les applaudissements de la foule, il vit cependant se former un parti assez nombreux hostile à l'établissement de la royauté. Il dissimula sagement son ressentiment, et retourna à Gabaa reprendre son humble vie de laboureur.

Cependant Naas, roi des Ammonites, vint assiéger Jabès en Galaad. Un courrier fut dépêché à Gabaa vers Saül; celui-ci était aux champs. Quand il revint, saisi d'une inspiration divine, il mit en pièces ses bœufs et envoya les morceaux aux diverses tribus avec cette menace : « Ainsi seront traités les bœufs de quiconque ne suivra point Saül et Samuel. » Israël, effrayé, le suivit tout entier. Les Ammonites furent exterminés.

Après la victoire, le peuple voulait faire un mauvais parti à ceux qui avaient méprisé Saül; mais le roi les sauva en disant : « Personne ne sera mis à mort en ce jour, parce que le Seigneur a donné le salut à Israël. »

Première faute de Saül. — Saül ne fut pas long-temps fidèle à Dieu. Une armée innombrable de Philistins venait d'envahir de nouveau la Palestine. Saül convoqua le peuple à Galgala. Pendant sept jours on attendit Samuel; voyant le peuple murmurer, Saül osa offrir lui-même le sacrifice pour apaiser le Seigneur. Ce sacrifice était à peine achevé que Samuel parut. Rejetant les mauvaises excuses du roi, il lui fit des reproches sévères, et lui annonça que Dieu s'était choisi un autre homme selon son cœur.

La guerre traîna en longueur. Un coup d'audace de Jonathas, fils de Saül, rejeta soudain les Philistins chez eux. Le jeune homme osa, seul avec son écuyer, pénétrer dans le camp des Philistins. Frappés d'une espèce de vertige, les ennemis tournèrent contre eux-mêmes leurs armes, et ils s'entr'égorgèrent dans une épouvantable tuerie. Poursuivis par Saül, ils se hâtèrent de rentrer dans leurs frontières.

Saül repoussa avec succès les agressions d'une foule d'autres ennemis. Son énergie et sa bravoure pouvaient assurer à Israël de longues années de prospérité et de paix; malheureusement un nouvel acte de désobéissance vint consommer la rupture avec Samuel et Dieu, et faire de sa vie un mélange de démence et de cruauté.

Rupture de Saül avec Samuel. — Samuel ordonna de la part de Dieu à Saül de marcher contre les Amalécites et de tout exterminer, hommes et butin. Saül, vainqueur, égorgea la vile multitude et réserva le roi Agag avec les meilleures dépouilles. De retour à Galgala, il rencontra Samuel, qui lui reprocha sa désobéissance, le maudit et lui déclara que Dieu ne voulait plus de lui pour roi. Samuel se retira ensuite : il ne devait plus revoir Saül jusqu'à sa mort, mais il pleurait sur lui et sur son infidélité.

David à la cour de Saül. — Le Seigneur commanda à Samuel de sacrer roi *David*, fils d'Isaïe, de la petite ville de Bethléem. C'était un tout jeune homme, aux cheveux blonds, à l'air gracieux, aux traits pleins de charme. Il gardait les troupeaux de son père quand le prophète se présenta dans sa maison; il reçut l'onction royale en secret, par crainte de Saül.

Or, depuis la malédiction de Samuel, l'Esprit de Dieu avait quitté Saül pour se reporter sur David, et le roi avait des accès de mélancolie qui devenaient de la fureur. Pour le calmer, on fit venir le petit berger de Bethléem, et David, par l'harmonie qu'il tirait de sa harpe, soulageait le roi. Saül, le prenant en affection, fit de lui son écuyer. Une amitié plus tendre, plus sérieuse et plus célèbre, fut celle de Jonathas pour David : *l'âme de Jonathas*, dit la Bible, *s'était collée à l'âme de David.*

Les hostilités avec les Philistins avaient recommencé. Armé seulement d'un bâton et d'une fronde, David osa lutter contre le géant *Goliath* et le terrassa. Saisis d'épouvante, les Philistins prirent la fuite. Saül combla d'honneurs son jeune écuyer, et voulut qu'il restât à la cour.

Saül poursuit David. — Cette faveur dura peu. Les femmes avaient accueilli le vainqueur de Goliath par ces cris : « Saül en a tué mille, et David dix mille! » C'en fut assez pour exciter la jalousie du roi, qui, à plusieurs reprises, essaya de tuer David. Sauvé une première fois par une ruse de sa femme Michol, fille de Saül, une seconde fois par le tendre dévouement de son ami Jonathas, une troisième fois par le secours du grand prêtre Achimélech, David dut à la fin demander un asile aux Philistins eux-mêmes. Il faillit y perdre la vie. Il passa alors chez le roi des Moabites, lui confia son père et sa mère, puis reparut en Juda avec quelques centaines de mécontents.

A la nouvelle de son retour, Saül entra dans une fureur qui tenait de la rage. Ne pouvant saisir David, il se vengea sur ses partisans. Il fit d'abord égorger Achimélech et quatre-vingt-cinq prêtres, puis il noya dans le sang la ville sacerdotale de Nobé. A ce crime atroce, David, pourchassé lui-même comme une bête fauve, répondit par une admirable générosité. Deux fois il aurait pu tuer Saül : deux fois il respecta en lui l'onction sainte. Il prit le parti de retourner chez les Philistins, qui l'accueillirent cette fois favorablement.

Mort de Saül. — Les Philistins, voulant venger leurs défaites, vinrent nombreux à Sunam, dans la vallée de Jezréel, non loin des Israélites campés sur le mont Gelboé. Saül, autrefois si courageux, eut peur cette fois : il se sentait abandonné de Dieu. Il fit évoquer par la pythonisse d'Endor l'ombre de Samuel. L'ombre apparut sombre et menaçante : « Pourquoi as-tu troublé mon repos ? Demain, toi et ton fils vous serez avec moi, et le Seigneur livrera aux Philistins Israël. »

La parole du prophète s'accomplit. Les Israélites ne purent soutenir le choc des Philistins, et périrent en foule sur le mont Gelboé. Saül se trouva au plus fort de la mêlée ; accablé de blessures, il dit à son écuyer : « Tire ton glaive et tue-moi, de peur que ces incirconcis ne me tuent en joignant l'insulte à la mort. » L'écuyer n'osait obéir ; alors Saül se jeta sur son épée, et il tomba sans vie. Avec lui avaient péri trois de ses fils.

A la nouvelle de cet immense désastre, David, toujours exilé chez les Philistins, déchira son vêtement et pleura sur Saül, sur Jonathas, sur le peuple de Dieu et la maison d'Israël, abattus par l'épée. Et il composa sur Saül et Jonathas le cantique suivant :

« O Israël, ceux qui ont été tués sont sur les hauts lieux, les hommes forts sont tombés.

« Ne l'allez point dire dans Gath, et n'en portez pas la nouvelle sur les places d'Ascalon, de peur que les filles des Philistins ne s'en réjouissent, que les filles des incirconcis n'en tressaillent de joie.

« O monts de Gelboé, que la rosée et la pluie ne tombent point sur vous ni sur vos flancs désséchés ! Car c'est là qu'a été foulé aux pieds le bouclier des forts, le bouclier de Saül, comme s'il n'avait pas reçu l'onction sacrée. »

II. — David (1055-1016).

Lutte contre Isboseth. — La douleur ne fit point négliger à David ses intérêts. Il quitta le pays des Philistins et reparut en Palestine. La tribu de Juda, qui était la sienne, le proclama roi à Hébron, tandis qu'Abner, général de Saül, faisait proclamer au delà du Jourdain Isboseth, fils de Saül, qui élut pour résidence Makhanaïm. Il s'ensuivit une guerre civile, qui traîna sept ans avec des chances diverses. La défection d'Abner, insulté par Isboseth, ruina le parti de ce prince. Bientôt Isboseth fut assassiné dans sa maison par deux de ses officiers, et David resta sans rival.

Jérusalem capitale. — L'unité nationale fut complétée par la prise de Jébus sur la plus redoutable des tribus chananéennes qui demeuraient encore isolées au milieu d'Israël. Jébus, citadelle très forte, située au centre de la Palestine, sur un plateau de près de huit cents mètres d'altitude, fut emportée par un vigoureux assaut conduit par Joab. David changea son nom en celui de Jérusalem (*Jébus, Salem, ville de la paix*), et en fit sa capitale, à la place d'Hébron. Le choix était des plus heureux. David établit sa résidence sur la colline de Sion, appelée depuis cité de David (1041).

Guerres et conquêtes. — Le règne de David fut avant tout guerrier. David fit la guerre pour se défendre, puis pour agrandir ses États. Les Philistins, embarrassés d'ailleurs par des démêlés avec les Syriens, avaient d'abord été assez favorables à David. La réunion des douze tribus sous son commandement changea leurs dispositions en excitant leurs craintes. Ils attaquèrent le nouveau roi ; mais, vaincus en plusieurs rencontres, ils durent accepter une paix onéreuse qui mit fin à leur puissance militaire.

Ce fut alors que David fit transporter l'arche à Jérusalem. Il vint lui-même avec trente mille hommes lui servir d'escorte, et ne craignit pas de se mêler aux danses sacrées. L'arche fut placée en grande pompe dans un tabernacle provisoire sur l'acropole de Sion. David conçut le dessein de bâtir un temple pour la recevoir. Approuvé d'abord par le prophète Nathan, il en fut ensuite détourné par le même, et, se contentant d'amasser les trésors nécessaires à la construction du temple, il tourna ses soins du côté de la guerre.

Les *Moabites* furent les premiers écrasés et durent payer le tribut. De là, portant ses armes dans le nord, David remporta deux victoires sur les princes syriens, qui se reconnurent tributaires. Pendant ce temps, dans le sud, les *Iduméens* avaient fait des incursions dans Juda. David envoya à la hâte contre eux ses deux meilleurs généraux, Joab et Abisaï, qui les taillèrent en pièces dans la vallée des Salines. L'Idumée tout entière était conquise : des garnisons juives furent établies à Élath et à Aziongaber, port du golfe Élanitique. Ainsi, pendant que David au nord allait jusqu'à l'Euphrate, au sud il atteignait la mer Rouge, et par cette voie se mettait en communication avec les contrées les plus reculées de l'Asie et de l'Afrique.

Restaient indépendants, sur la rive gauche du Jourdain, les *Ammonites*, dont le roi était l'allié de David. Ce roi étant mort, David envoya des ambassadeurs complimenter son fils et successeur Hanon. Ce dernier, sur l'avis de conseillers perfides, traita les ambassadeurs en espions : il leur rasa la moitié de la barbe, leur fendit les vêtements jusqu'à la ceinture, et les renvoya ainsi, pleins de honte. Pour venger cette atroce injure, Joab vint mettre le siège devant Rabbah, capitale des Ammonites. La ville fut prise, et les Ammonites exterminés au milieu des tortures. Cette fois l'empire juif était fondé.

Fautes et châtiments de David. — Cette dernière guerre contre les Ammonites, si glorieuse pour les armes de David, marque cependant une date honteuse dans son histoire. Pendant que ses troupes se battaient devant Rabbah, lui, pour épouser Bethsabée, femme d'Urie, l'un de ses plus vaillants officiers, faisait périr le mari sous les traits des ennemis. Le prophète Nathan vint de la part de Dieu reprocher au roi, en termes sévères, son double crime. David reconnut sa faute, se couvrit de cendres, pleura et gémit devant le Seigneur. Mais son repentir, si profond, si sincère, ne pouvait effacer le mal causé par le scandale ; il fallait à la justice de Dieu une expiation publique, et toute la vie du roi ne fut désormais qu'une suite d'épreuves.

Une des plus cruelles fut la révolte d'Absalon, fils du roi, puis la mort de ce même fils, tendrement aimé malgré tout, qui fut tué par Joab après sa défaite.

Sauf quelques campagnes contre les Philistins, David acheva paisiblement son règne. Il mourut à l'âge de soixante et onze ans, dans la quarante et unième année de son règne, laissant de sages instructions à son successeur, Salomon, le fils de Bethsabée.

Gouvernement de David. — 1° *La cour.* — David aima à s'entourer d'un appareil propre à relever sa dignité aux yeux du peuple. Il eut une cour nombreuse et brillante. Maître de Jérusalem, il s'y fit bâtir sur la colline de Sion un palais magnifique, pour lequel Hiram, roi de Tyr, qui resta toujours son allié intime, lui fournit les cèdres du Liban, des ouvriers et des artistes. Deux gardes, composées, l'une de mercenaires philistins, l'autre de fidèles, étaient affectées à sa personne. On était loin du temps où Saül ramenait lui-même ses bœufs du labourage.

2° *La religion.* — Malgré ses déplorables faiblesses, d'ailleurs noblement réparées, David fut toujours un zélé adorateur de Jéhovah. Deux prophètes, disciples de Samuel, Gad et Nathan, furent ses amis. Leur franchise ne lui déplut jamais, et il écouta avec déférence et humilité leurs avis et leurs reproches.

3° *L'armée.* — L'armée fut organisée sur de larges et solides bases. Outre les gardes du corps déjà mentionnés, elle comprenait une milice composée de douze corps, chacun de vingt-quatre mille hommes, ayant son chef et servant à tour de rôle pendant un mois.

4° *L'administration.* — David avait auprès de lui comme hauts fonctionnaires : le commandant de l'armée, un trésorier général, un secrétaire, un historiographe. Il n'y avait pas de juge suprême, le roi s'étant réservé la justice. Pour chaque tribu il y avait un gouverneur, un trésorier, des ministres préposés à chaque branche de l'agriculture, enfin des juges et des greffiers ou scribes pris parmi les lévites.

Au titre de conquérant et d'organisateur, David joignit celui de **prophète**. Il a vu dans l'avenir et célébré avec une magnificence de style incomparable les splendeurs de la Jérusalem nouvelle, qui devait s'élever un jour sur les ruines de celle qu'il bâtissait. Il est l'auteur de la majeure partie de ces Psaumes où le repentir a trouvé les accents les plus touchants et les plus douloureux, où la prière est arrivée à la forme la plus délicate et la plus sublime.

III. — Salomon (1016-975).

Début du règne. — Le commencement du règne de *Salomon* fut marqué par des rigueurs et même par des exécutions sanglantes. Le roi fit tuer son frère Adonias, dont il redoutait les vues ambitieuses. Il exila le grand prêtre Abiathar, ami d'Adonias. Enfin il fit égorger dans le tabernacle même, où il s'était réfugié, Joab, autre partisan du jeune prince.

Ces rigueurs furent suivies de jours pacifiques. Salomon n'était point un prince guerrier. Affermi à l'intérieur, il releva son règne à l'extérieur par d'illustres alliances avec Hiram, roi de Tyr, déjà ami de David, et avec le Pharaon d'Égypte, dont il épousa la fille. L'éclat de son nom suffit pour achever la soumission de ce qui restait encore à l'état indépendant au milieu d'Israël des anciennes peuplades chananéennes. Il régna en maître incontesté du gué fameux de Thapsaque, sur l'Euphrate, au ruisseau d'Égypte et à la mer Rouge.

Il eut la sagesse de se contenter de cet empire, relativement modeste, et ne songea qu'à faire jouir son peuple d'une heureuse paix. « Juda et Israël, dit l'Écriture, habitaient sans nulle crainte; chacun vivait dans l'abondance et la joie, à l'ombre de sa vigne et de son figuier, durant tous les jours de Salomon. »

Travaux de Salomon. — Salomon employa les loisirs de son long règne de quarante ans à accomplir une foule de travaux dont l'importance n'a pas moins fait pour la gloire de son nom que sa sagesse et sa magnificence. Le plus remarquable de ces travaux fut la construction du Temple.

Les fondements du Temple furent jetés la onzième année du règne de Salomon, en 1012, sur l'emplacement révélé par Dieu à David, à l'endroit même où la tradition plaçait le sacrifice d'Abraham, sur le mont Moriah. D'innombrables ouvriers y travaillèrent pendant sept ans. Le roi fit venir, pour aider ou diriger les Israélites, des ouvriers de Tyr, habiles dans l'art de tailler la pierre, de travailler le bois, le fer, l'or, l'argent, le bronze, de teindre les étoffes précieuses en pourpre, en hyacinthe ou en écarlate.

Le Temple fut construit sur le plan du tabernacle de Moïse. Il comprenait une vaste cour, nommée *parvis d'Israël*, où se réunissait le peuple; une cour intérieure, appelée *parvis intérieur*, réservée aux prêtres et aux lévites; enfin le *Saint* et le *Saint des saints*.

Le Saint renfermait le chandelier à sept branches, l'autel d'or pour les parfums, la table d'or pour les pains de proposition, plus une foule de tables, de candélabres, de lampes, de vases, de l'or le plus pur.

Le Saint des saints renfermait deux chérubins en bois d'olivier recouvert d'or, inclinés vers *l'arche*, qu'ils dérobaient à la vue par leurs ailes étendues. Dans l'arche étaient les deux tables de la loi, un vase contenant de la manne, et la verge d'Aaron. Le Saint des saints n'était ouvert qu'au grand prêtre, et encore pouvait-il y pénétrer une seule fois dans l'année.

L'or et les bois précieux, tels que le cyprès, le cèdre, étaient prodigués dans le Temple, de sorte que si pour les dimensions il restait bien en arrière des fameux temples d'Assyrie ou d'Égypte, il les effaçait tous par sa richesse. Il formait d'ailleurs une véritable petite cité,

Le Temple.

avec les constructions élevées autour du parvis d'Israël pour les logements des prêtres et de leurs familles.

La dédicace en fut faite au milieu d'un concours immense. On y transporta en grande pompe l'arche, qui était sur le mont Sion. Pendant quatorze jours le sang des victimes ne cessa de fumer sur les autels.

Autres travaux de Salomon. — Après avoir élevé un temple au vrai Dieu, Salomon se fit construire un palais pour lui et un autre pour la reine, la fille du Pharaon. De plus, il entoura Jérusalem de murailles, l'embellit de piscines et de portiques, agrandit Mageddo, Gazer et d'autres villes, enfin fonda dans le désert Thadmor (plus tard Palmyre), destiné à servir d'entrepôt aux caravanes qui se rendaient de Damas à Babylone.

Magnificence et revenus de Salomon. — Le luxe déployé par Salomon, soit dans les constructions, soit dans le train de sa maison, est resté proverbial. On sait que la magnificence du palais de Salomon, la somptuosité de sa table, la belle ordonnance de son service, les logements de ses officiers et l'éclat de ses vêtements surprirent la reine de Saba autant que la sagesse du prince. Tant de dépenses exigeaient des revenus considérables. La source principale en fut les bénéfices fournis par la marine marchande créée par le roi. Construits avec des bois de Judée, montés par des matelots phéniciens, ses vaisseaux partaient régulièrement des ports d'Élath et d'Aziongaber tous les trois ans, pour les pays d'Ophir, nom assez vague, et revenaient chargés d'aromates, de métaux et de bois précieux, d'or, d'ivoire.

Les bénéfices de ces expéditions furent partagés avec Hiram, roi de Tyr, qui, de son côté, associa Salomon aux bénéfices des voyages faits régulièrement par les flottes tyriennes vers les côtes méridionales d'Espagne, appelée alors Tharsis, d'où elles rapportaient le plomb, l'étain et une foule de marchandises de grand prix. Aussi les trésors du roi étaient-ils toujours pleins; du roi la prospérité passa au peuple. « L'argent, dit l'Écriture, à Jérusalem, était aussi commun que les pierres au temps de Salomon. »

Sagesse de Salomon. — La sagesse de Salomon fut à la hauteur de son opulence. Cette sagesse se révéla tantôt par des jugements célèbres, tantôt par une foule d'ouvrages composés sur toutes les branches des connaissances humaines. Il fit trois mille paraboles et plus de mille cantiques. Il disserta sur tous les animaux et toute espèce de plantes, depuis le cèdre du Liban jusqu'à l'hysope, qui croît dans les fentes des murailles.

Chute de Salomon. — Tant de gloire, de magnificence et de sagesse n'empêchèrent point une chute déplorable. Malgré la défense formelle de la loi mosaïque, Salomon remplit son palais de femmes étrangères, qui corrompirent son cœur et l'entraînèrent à l'idolâtrie. Non content d'élever des temples aux divinités païennes, il leur offrit lui-même l'encens d'une main que l'âge rendait déjà tremblante. Dieu, irrité, lui annonça la division de son empire; toutefois, par égard pour la mémoire de David, il ajournait la sentence jusqu'au règne de son fils.

Mais si Salomon ne fut pas témoin lui-même de la ruine de son empire, il put en voir les signes avant-coureurs. L'Idumée révoltée reconquit son indépendance. Damas se donna un roi. Enfin un surintendant des impôts, Jéroboam, de la tribu d'Éphraïm, conspira contre Salomon. Le roi voulut le faire tuer. Jéroboam put s'enfuir en Égypte auprès de Sésac, où il attendit la mort de Salomon, qui ne tarda pas à arriver. Nul ne saura jamais si Salomon mourut impénitent ou converti (975).

RÉSUMÉ

Sacré roi par Samuel, Saül, d'abord dédaigné à cause de sa petite naissance, impose à tous son autorité après une grande victoire sur les Ammonites. Il demeure cependant sous le contrôle de Samuel. Dans une guerre contre les Philistins, il cherche à secouer cette tutelle et offre lui-même un sacrifice en l'absence de Samuel. Le prophète l'en reprend sévèrement. Une attaque audacieuse de Jonathas met la panique parmi les Philistins, qui s'entre-tuent et que Saül survenant achève. Saül, aidé par le vaillant Abner, bat en outre les Ammonites, les Moabites, les Iduméens. Mais une nouvelle désobéissance dans la guerre contre Agag, roi des Amalécites, amène sa rupture complète avec Samuel, qui sacre secrètement roi David, fils d'Isaïe.

David paraît à la cour de Saül, qui fait de lui son écuyer et son gendre, après sa victoire sur le Philistin Goliath. Poursuivi ensuite par le roi, David se sauve deux fois chez les Philistins. Il y était encore quand il apprit la défaite et la mort de Saül sur le mont Gelboé, dans une bataille contre les Philistins. Saül avait régné quarante ans (1094-1055).

David (1055-1016), proclamé roi à Hébron d'abord par la tribu seule de Juda, puis après la mort d'Isboseth, fils de Saül, par tout Israël, transporte sa capitale d'Hébron à Jébus, devenu Jérusalem, bat plusieurs fois et réduit à l'impuissance les Philistins, impose le tribut aux Moabites, aux Syriens de l'Oronte et de Damas, conquiert l'Idumée et fait reconnaître son autorité de l'Euphrate à la mer Rouge. Les Ammonites, qui le bravent, sont exterminés.

Pendant le siège de la capitale des Ammonites, Rabbah, par Joab, David à Jérusalem épouse Bethsabée, femme du brave Urie, lequel a péri sous les traits des ennemis par ordre du roi. David est puni par l'assassinat de son fils Amnon, par la révolte de son fils Absalon. Il se relève par la noblesse de son repentir et de sa résignation.

David se fait une cour pompeuse, donne de l'éclat à la religion, organise l'armée, l'administration, écrit des psaumes d'une beauté incomparable, et meurt laissant le trône au fils de Bethsabée, Salomon.

Salomon (1016-975) se venge de ses ennemis en montant sur le trône, puis règne dans une paix profonde pendant quarante ans. Satisfait du royaume modeste que lui a laissé David, allant de l'Euphrate à la mer Rouge, il fait alliance avec Hiram, roi de Tyr, avec le Pharaon d'Égypte, s'illustre par les grands travaux qu'il exécute : Temple, palais, embellissements de Jérusalem, fondation de Palmyre; s'enrichit par le commerce maritime, devient célèbre au loin par sa magnificence, sa sagesse, sa science; mais se laisse corrompre ensuite, et va jusqu'à offrir de l'encens aux faux dieux.

CHAPITRE VII

SCHISME DES DIX TRIBUS (975)

Révolte des dix tribus. — Roboam, fils de Salomon, s'était rendu à Sichem pour s'y faire reconnaître roi de tout Israël. Il y trouva les députés des tribus animés de dispositions peu bienveillantes. Jéroboam, revenu de son exil, prenant la parole en leur nom, lui dit : « Ton père nous a imposé un joug très dur; mais toi, allège maintenant la dure servitude de ton père, et nous te servirons. » Roboam, poussé par de jeunes conseillers, répondit : « Le joug que mon père a fait peser sur vous, je l'augmenterai encore ; mon père vous a châtiés avec des fouets, moi je vous châtierai avec des verges garnies de pointes. »

Ces paroles hautaines causèrent une émeute. « Qu'avons-nous de commun avec David? s'écria le peuple. Israël, retire-toi sous tes tentes; et toi, David, pourvois maintenant à ta maison. » Le roi n'eut que le temps de monter sur son char et de fuir à Jérusalem. Il réunit plus de cent mille hommes pour dompter les tribus séparées. Mais le prophète Séméias vint leur défendre au nom de Dieu de marcher contre leurs frères. L'armée se dispersa donc, et la division fut consommée (975).

Les royaumes de Juda et d'Israël. — Il y aura désormais deux royaumes : celui d'Israël, comprenant dix tribus, et celui de Juda, réduit à deux, Benjamin et Juda. Le premier embrassait tous les pays appelés depuis Samarie et Galilée, et de plus les contrées à l'est du Jourdain. Le second se bornait à la Palestine méridionale ou Judée, avec la suzeraineté de l'Idumée et du pays des Philistins : il formait à peine le quart du royaume de Salomon.

Le royaume d'Israël était beaucoup plus étendu, plus peuplé et plus fertile. Mais la population en était fort mêlée. De plus, l'impiété et la cruauté de ses rois lui valurent, de la part de Dieu, des châtiments répétés, et son histoire intérieure ne fut qu'une suite de révolutions et d'usurpations sanglantes : sur dix-huit rois, huit périrent de mort violente. Il ne devait durer que deux siècles et demi, et avoir successivement trois capitales : Sichem, Thirsa et Samarie.

Le royaume de Juda était beaucoup plus faible en apparence. Mais, avec une superficie fort restreinte, il avait une population plus homogène, plus compacte, plus unie et plus belliqueuse. Il avait de plus l'immense avantage de posséder, dans une capitale superbe et très bien située, le Temple, centre religieux vers lequel se portaient les regards non seulement de Benjamin et de Juda, mais encore de tous ceux qui en Israël restèrent fidèles au culte du vrai Dieu. Enfin, bien que plusieurs de ses rois aient été des princes détestables, un bon nombre cependant servirent avec piété Jéhovah, qui les récompensa en leur permettant de se succéder tous (ils furent vingt) de père en fils. Le royaume de Juda devait durer près de quatre siècles, de 975 à 588.

Nous ferons le récit successif de ces deux royaumes en commençant par celui d'Israël, qui ne nous conduit que jusque vers 720, tandis que Juda nous mène à 588.

RÉSUMÉ

Dieu avait menacé Salomon de la division de son royaume. Cette division se fait dès l'avènement et par l'imprudence de son fils Roboam. Dix tribus proclament roi Jéroboam. Benjamin et Juda seuls restent fidèles à Roboam.

Il y aura désormais deux royaumes : le royaume d'Israël, comprenant la Galilée et la Samarie; le royaume de Juda, réduit à la Judée et quatre fois plus petit. Cependant le royaume de Juda, restant le centre religieux de tout Israël, ayant une population plus homogène, des princes en général plus vertueux, sera en somme plus fort que celui d'Israël, et lui survivra cent trente-deux ans, Israël devant tomber en 720, Juda seulement en 588 avant Jésus-Christ.

CHAPITRE VIII

LES ROYAUMES D'ISRAEL ET DE JUDA

SOMMAIRE

I. LE ROYAUME D'ISRAEL. — Instabilité du pouvoir. — Capitales successives. — Les principaux règnes. — La chute du royaume.

II. LE ROYAUME DE JUDA. — Coup d'œil général. — Lutte contre Israël. — Lutte contre l'étranger. — Dernières années et chute.

I. — Royaume d'Israël (975-720).

Instabilité du pouvoir dans le royaume d'Israël. — Le royaume d'Israël devait durer un peu plus de deux siècles et demi. Durant ce court espace de temps, il n'eut pas moins de dix-huit rois, et ces dix-huit rois appartinrent à sept dynasties différentes, ce qui montre combien le pouvoir avait peu de solidité dans ce royaume.

Ces dynasties furent celles de *Jéroboam* (975-952), qui ne donna que deux rois; de *Baasa* (952-928), qui n'en donna également que deux; d'*Amri* (928-884), qui en fournit quatre; de *Jéhu*, la plus longue (884-772), qui en fournit cinq; de *Manahem* (772-761), qui en fournit deux; enfin de *Phacée* (761-730) et d'*Osée* (730-722), qui n'eurent chacune qu'un représentant. Déjà fortement ébranlé en 722 par les Assyriens, le royaume d'Israël disparut définitivement deux ans après.

Les capitales. Sichem. Thirsa. Samarie. — Il y eut également peu de fixité pour le siège du pouvoir. Trois villes furent successivement capitales : *Sichem*, sous la première dynastie; *Thirsa*, sous la deuxième, et *Samarie*, sous la troisième.

Sichem, la capitale de Jéroboam, aujourd'hui *Naboulous, Naplouse*, était agréablement située, au pied du mont Garitzim, dans une contrée fertile et verdoyante, abondante en eaux, non loin du puits de Jacob, appelé plus tard puits de la Samaritaine. Thirsa, la capitale de Baasa, se trouvait à une faible distance de Sichem, mais sur une colline et dans une position plus facile à défendre. Plus facile encore à défendre était Samarie, aujourd'hui *Sébaste*, que se bâtit Amri après l'incendie de son palais de Thirsa, sur une haute colline isolée, entourée d'une belle et fraîche vallée, où, même sous les ardeurs torrides du soleil d'été, l'eau ruisselle de toutes parts.

Les principaux règnes. Jéroboam, Achab, Osée. — Trois rois attirent surtout l'attention dans l'histoire d'Israël : *Jéroboam*, le fondateur ; *Achab*, célèbre, comme sa femme *Jézabel*, pour son impiété, sa cruauté et sa fin tragique ; *Osée*, sous qui tombe le royaume.

Jéroboam (975-954). — Jéroboam méconnut et négligea ce qui devait asseoir solidement son trône. La révolution qui l'avait fait roi était l'œuvre de Dieu, comme l'avait déclaré le prophète Séméias. Au lieu de se présenter au peuple comme l'élu de Jéhovah, il le poussa lui-même à l'idolâtrie, et, craignant que ses sujets, s'ils retournaient à Jérusalem, ne vinssent à rentrer sous l'autorité de la maison de David, il leur fit deux veaux d'or, qu'il plaça aux deux extrémités de son royaume, à Dan et à Béthel, et il dit aux Israélites : « N'allez plus à Jérusalem, voici les dieux qui vous ont tirés d'Égypte. »

Cependant Abia, fils du roi, était tombé malade. Peu confiant dans ses prêtres, Jéroboam envoya sa femme déguisée consulter le prophète Ahias, le même qui lui avait prédit qu'il régnerait sur Israël. Ahias répondit par de dures paroles : « Je t'ai élevé du milieu de mon peuple, je t'ai fait le chef d'Israël...; mais tu n'as pas été un serviteur fidèle comme David. C'est pourquoi j'étendrai le mal sur la maison de Jéroboam; je balayerai sa race comme on balaye l'ordure des lieux que l'on veut purifier. » Puis il lui annonça la mort imminente de son fils et la chute de sa dynastie.

La première partie de la prophétie s'accomplit aussitôt : l'enfant malade mourut au retour de sa mère. La seconde partie ne se fit pas non plus longtemps attendre; car, après la mort de Jéroboam, son fils Nadab ne fit que passer sur le trône; au bout de deux ans de règne, il fut égorgé par un officier de la cour, nommé Baasa, qui de plus massacra toute la maison de Jéroboam.

Achab (917-897), fils d'Amri, le fondateur de la troisième dynastie, surpassa tous les rois d'Israël en impiété. Non content de courber lui-même le front devant les veaux d'or, il laissa sa femme Jézabel, fille d'un roi de Tyr, introduire le culte impur de Baal et d'Astarté jusque dans Samarie. Il se rendit de plus coupable d'un crime odieux sur un de ses sujets.

Un certain Naboth avait à Esdrelon une vigne, près du palais que le roi possédait dans cette ville. Sur le refus qu'il fit à Achab de lui vendre sa vigne *à perpétuité*, clause défendue par la loi mosaïque, Jézabel suscita de faux témoins pour accuser Naboth de haute trahison. Traduit devant les tribunaux, Naboth fut condamné et lapidé. Le roi voulut alors prendre possession de la vigne convoitée; mais il y rencontra le prophète Élie. « As-tu assassiné pour hériter? lui dit le prophète. Ainsi a parlé Jéhovah : « A l'endroit où les chiens ont léché « le sang de Naboth, ils lécheront aussi ton propre « sang... » Ta maison aura le sort de celle de Jéroboam et de Baasa, et les chiens dévoreront Jézabel sous les remparts d'Esdrelon. »

Quelque temps après, Achab, accompagné du roi de Juda, Josaphat, marchait contre Ramoth, ville importante du pays de Galaad. Le prophète Michée prédit au roi d'Israël sa mort. Alors il se déguisa en simple soldat. Une flèche tirée au hasard vint frapper Achab, qui expira au coucher du soleil. Son corps fut rapporté à Samarie, et son char ensanglanté fut lavé à la piscine de cette ville. Ainsi s'accomplit la première partie de la prophétie d'Élie, qui avait dit que les chiens lècheraient le sang d'Achab.

La seconde partie, concernant la punition de Jézabel, s'accomplit pendant le règne de Joram, fils d'Achab. Ce prince voulut aussi reprendre Ramoth. La ville fut prise; mais le roi, qui avait pendant le siège reçu une blessure grave, s'était vu contraint, pour se soigner, de se retirer aussitôt dans son palais d'Esdrelon, laissant ses troupes sous le commandement de Jéhu. Sacré par le prophète Élisée, héritier du prophète Élie, Jéhu marcha sur Esdrelon. Joram, qui ignorait tout, se porta à sa rencontre pour le saluer. A ses paroles de haine, Joram prit la fuite; mais il fut atteint dans sa course par une flèche que Jéhu lui tira entre les deux épaules, et son corps fut jeté dans le champ de Naboth.

En entrant à Esdrelon, Jéhu aperçut à une fenêtre du palais une femme fardée et parée de ses plus beaux ornements. C'était Jézabel. Jéhu la fit jeter par la fenêtre et fouler aux pieds de ses chevaux. Quand on voulut l'ensevelir, on ne trouva plus que le crâne, les pieds et les mains; le reste avait été dévoré par les chiens, comme l'avait prédit Élie. Pour se concilier Jéhu, le peuple de

Samarie égorgea les soixante-dix fils d'Achab et envoya leurs têtes à Esdrelon. Toute la maison d'Achab, toute sa cour, ses amis, les prêtres de Baal, furent exterminés. La dynastie de Jéhu régna plus d'un siècle sur Israël.

Osée (730-722). **Chute d'Israël.** — Le dernier roi d'Israël fut *Osée*. Monté sur le trône par l'assassinat du roi Phocée, il se voyait réduit au simple pays de Samarie. Les Assyriens avaient pris le reste, et encore fallait-il leur payer tribut pour ce qui leur avait échappé. Pour se débarrasser du tribut, Osée commit l'imprudence de s'allier à l'Éthiopien Sabacon, qui venait de conquérir l'Égypte. A cette nouvelle, l'Assyrien Salmanasar accourut, s'assura de la personne d'Osée, occupa tout le pays et assiégea Samarie (722). Il ne put la prendre. Mais Sargon, son successeur, revint presser le siège et s'empara de la ville (720). Ainsi tomba le royaume d'Israël.

II. — Royaume de Juda (975-588).

Coup d'œil général. — Le royaume de Juda fut beaucoup moins troublé par les révolutions intérieures que celui d'Israël. Pendant les trois cent quatre-vingt-sept ans qu'il dura, il n'eut que vingt rois, ce qui fait une moyenne de plus de dix-neuf ans de règne, et tous appartenaient à la même dynastie, sauf la reine Athalie, c'est-à-dire à la maison de Roboam. Ces princes furent aussi en général, comme caractère, bien supérieurs à ceux d'Israël. Sans doute on trouve parmi eux des rois détestables, comme Achaz, Manassé, Amon, mais ils forment une exception. En revanche, Asa, Josaphat, Ozias, Joathan, Ézéchias, Josias, furent des rois aussi pieux que vaillants et habiles.

L'histoire extérieure du royaume de Juda peut se ramener à deux points : lutte contre le royaume d'Israël, — lutte contre les empires d'Égypte, d'Assyrie ou de Babylone.

Lutte contre le royaume d'Israël. — La lutte entre Juda et Israël était fatale, et d'autant moins inévitable que les deux royaumes, étant contigus, n'avaient point de limites naturelles. Elle dura aussi longtemps que le royaume d'Israël et avec des chances très diverses.

Un prince dont la sagesse cependant rappelle en petit celle de Salomon, *Josaphat* (914-889), rompit avec la politique habituelle des rois de Juda envers Israël. Non seulement il s'unit au roi Achab pour faire une expédition, d'ailleurs très malheureuse, contre Ramoth, sur la rive gauche du Jourdain, mais encore il lui demanda pour son fils Joram la main de sa fille, Athalie.

Cette étrange alliance d'un roi si pieux avec un roi si impie eut pour le royaume de Juda les conséquences les plus désastreuses. Le fils de Josaphat, *Joram*, monté sur le trône en 889, subit l'influence néfaste de sa femme Athalie, se fit haïr pour ses cruautés et ses excès, et mourut d'une horrible maladie d'entrailles, après un court règne de quatre ans (885). Le fils de Joram, *Ochosias*, non moins méchant que son père, fut, l'année suivante, enveloppé dans la ruine de la maison d'Achab, et alors un atroce attentat amena la fille de Jézabel sur le trône de David.

Ochosias ne laissait que des enfants mineurs. Au lieu de veiller avec l'amour d'une mère sur les orphelins, **Athalie**, femme dévorée d'ambition, prit aussitôt un poignard, et sans pitié les égorgea tous ; puis elle régna et fit régner Baal. Pendant six longues années, Jérusalem, frappée de stupeur, subit le joug de cette reine éhontée (884-878).

Cependant le châtiment se préparait. *Joas*, le plus jeune fils d'Ochosias, encore au berceau, laissé pour mort dans la salle du massacre, avait été recueilli par sa tante Josabeth, femme du grand prêtre Joad, et secrètement élevé par elle. La septième année du règne de l'impie étrangère, le grand prêtre tira le jeune prince de l'ombre du sanctuaire où il avait grandi, et le couronna en grande pompe dans le Temple. Dès la première nouvelle, Athalie accourt, furieuse, menaçante. Elle voit Joas assis sur un trône, le front ceint du diadème, le grand prêtre Joad à ses côtés, et Josabeth à ses genoux ; tout autour une multitude de lévites, l'épée nue, lui font une cour imposante et en même temps une garde redoutable. Athalie, malgré sa fierté, se trouble ; elle regarde vers les portes du Temple, les portes sont fermées ; elle appelle sa garde, personne ne répond. Alors, désespérée, déchirant ses habits, elle s'écrie : « Trahison ! trahison ! » — « Qu'on la prenne, commande le grand prêtre ; qu'on la jette hors du Temple, et que le glaive en fasse justice ! »

L'ordre fut aussitôt exécuté. Le cadavre de l'impie fut foulé aux pieds des chevaux, comme l'avait été celui de Jézabel sa mère. Pendant ce temps, les autels de Baal étaient renversés, et Mathan, son prêtre, égorgé.

Joas ne sut pas se montrer digne d'un si grand bienfait ni profiter d'une si épouvantable leçon. Il régna sagement tant que vécut son protecteur, l'auguste pontife Joad, qui arriva à l'âge de cent trente ans, et mérita d'avoir son tombeau parmi les tombeaux des rois. Mais ensuite il s'abandonna à ses vices, fléchit le genou devant les idoles, et entraîna le peuple dans son apostasie. Le fils de Joad, Zacharie, osa reprocher sévèrement au peuple son infidélité ; il fut lapidé par ordre du roi. « Dieu te voit, s'écria le grand prêtre expirant, et il me fera justice. »

La justice fut que Joas périt assassiné par ses serviteurs, après avoir eu la honte de ne pouvoir défendre sa capitale et son palais contre les dévastations des Syriens de Damas.

La lutte reprit aussi avec Israël, et elle fut désastreuse pour Juda. Fier d'une éclatante victoire remportée sur les Iduméens dans la vallée des Salines, *Amasias*, fils de Joas, avait osé défier le roi d'Israël. « Viens, lui dit-il, que nous nous voyions en face. » Le roi d'Israël vint, vit Amasias en face, le battit, le fit prisonnier, pilla son palais et le Temple, et ne lui rendit la liberté qu'en échange de nombreux otages.

Lutte contre les empires d'Égypte, d'Assyrie et de Babylonie. — La lutte contre les empires entre lesquels se trouvait resserrée la Palestine était plus dangereuse que celle d'Israël, et elle devait aboutir à la chute du royaume de Juda. Déjà, sous Roboam, l'Égyptien

Sésac était entré dans Jérusalem et avait pillé les trésors du Temple.

Deux siècles après, c'étaient les Assyriens qui paraissaient en Palestine. Le roi de Juda, *Achaz*, les avait appelés pour se venger des ravages faits en Judée par le roi d'Israël. Les Assyriens ruinèrent en effet à demi le royaume d'Israël, en attendant le jour proche où ils le détruiraient complètement ; mais Juda, à son tour, vit les terribles envahisseurs et fut affreusement dévasté.

Sous le fils d'Achaz, *Ézéchias* (726-685), Juda fut menacé d'une ruine totale. Le royaume de Samarie venait d'être détruit par l'Assyrien Sargon en 720. Témoin de cette catastrophe qui pouvait si facilement s'étendre à Juda, Ézéchias, pendant vingt ans, se tint soigneusement en repos. Mais ensuite, cédant aux excitations du parti militaire, il s'enhardit, malgré les conseils du prophète Isaïe, à rompre avec l'Assyrie. D'un bond, le successeur de Sargon, Sennachérib, fut sous les murs de Jérusalem. Heureusement Ézéchias était un prince pieux, et sa piété lui valut une protection éclatante du ciel. La peste enleva cent quatre-vingt-cinq mille hommes du camp assyrien, et Sennachérib s'enfuit presque seul. Il ne reparut plus en Palestine.

Dernières années et chute du royaume de Juda (685-588). — Le fils du vertueux Ézéchias, *Manassé*, loin d'imiter son père, eut l'impiété d'Achab et la cruauté de Jézabel. Les prophètes qui osèrent élever la voix contre ses désordres furent poursuivis, et le vieil Isaïe fut scié entre deux planches. Le roi en fut puni par la prise de Jérusalem et une longue captivité en Mésopotamie, dont il ne se délivra qu'en se reconnaissant tributaire et vassal des Assyriens.

Désormais Juda sera toujours tributaire de l'étranger. Libre un moment par l'écroulement de l'empire assyrien, il tomba presque aussitôt sous le joug de l'Égypte, dont le roi Néchao avait été imprudemment défié par le roi Josias dans les plaines de Mageddo (608). Néchao ayant été ensuite vaincu par Nabuchodonosor, roi de Babylone, Juda paya le tribut au vainqueur. En 603,

Nabuchodonosor enleva même une partie des vases du Temple et emmena à Babylone plusieurs jeunes gens de famille noble, Daniel, Ananias, Misaël, Azarias. *Alors commence la célèbre captivité de soixante-dix ans.*

Suivant les conseils imprudents du parti de la revanche, un roi, *Sédécias* (599-588), refusa le tribut. Aussitôt Nabuchodonosor parut devant Jérusalem (589). Le prophète Jérémie prêchait la soumission, il ne fut pas écouté ; on le jeta même en prison. La ville s'honora du moins par une longue résistance. Elle fut emportée à la fin ; les fils de Sédécias furent égorgés ; lui-même eut les yeux crevés, puis il fut traîné à Babylone, où il pourrit dans un cachot jusqu'à sa mort.

Jérusalem fut incendiée et réduite en un monceau de ruines. Le Temple fut renversé ; le grand prêtre, les hauts dignitaires et d'autres personnages considérables furent tués. Une foule de citoyens avaient fui. Nabuchodonosor choisit les principaux de ceux qui restaient et les transporta à Babylone. La Judée était définitivement écrasée. Jérémie fit alors entendre ses sublimes lamentations.

RÉSUMÉ

Le royaume d'Israël comprenant la Galilée et la Samarie dure deux cent cinquante-cinq ans. Il compte dix-huit rois, sept dynasties et trois capitales. Les trois rois à signaler particulièrement sont Jéroboam (975-954), le fondateur du royaume ; Achab (917-897), célèbre, ainsi que sa femme Jézabel et sa fille Athalie, par son impiété et sa fin tragique ; Osée (730-722), sous qui Samarie est prise par Salmanasar. Deux ans après (720), Sargon détruit le royaume d'Israël.

Le royaume de Juda dure trois cent quatre-vingt-sept ans, ne compte que vingt rois, appartenant tous à la maison de Roboam et pour la plupart bien supérieurs comme caractère à ceux d'Israël. Son histoire se résume pour l'extérieur dans sa lutte contre Israël et contre l'étranger. Dans sa lutte contre Israël, il est victorieux avec Abia et Asa, vaincu avec Amasias et Achaz. Infidèle à la politique ordinaire de Juda envers Israël, le roi Josaphat s'allie avec Achab et lui demande sa fille Athalie pour son fils Joram. De là de grands désordres dans Juda.

Dans sa lutte contre l'étranger, sauf la délivrance miraculeuse de Jérusalem obtenue par Ézéchias sur Sennachérib, Juda a toujours le dessous. A partir de Manassé (685), il est tributaire

d'abord des Assyriens, puis des Égyptiens, enfin des Babyloniens. Sédécias veut refuser le tribut. Nabuchodonosor prend
Jérusalem et en emmène les habitants à Babylone (588).

CHAPITRE IX

LA CAPTIVITÉ, LE RETOUR

I. — La captivité.

Transplantés sur les bords de l'Euphrate, les Juifs
ne cessèrent de regretter Jérusalem. Nous avons comme
témoins de leurs regrets et de leurs larmes des psaumes
admirables, où l'absence de la patrie est déplorée avec
une mélancolie que nulle poésie n'égala jamais :

« Assis au bord des fleuves de Babylone, nous avons
pleuré en pensant à Sion. Nos harpes étaient suspendues
aux saules du rivage, et ceux qui nous avaient amenés
nous disaient : Chantez-nous quelques-uns des cantiques de Sion. Mais comment chanter un cantique du
Seigneur sur une terre étrangère ? Si je t'oublie, ô Jérusalem, que ma droite se dessèche ! que ma langue reste
attachée à mon palais si tu sors de ma pensée, si tu n'es
plus, ô Jérusalem, le premier objet de mes joies ! »

Toutefois les douleurs de l'exil durent s'adoucir peu
à peu au sein de la vie calme et paisible offerte aux
captifs par les vainqueurs. La captivité ne fut jamais
l'esclavage. Beaucoup d'Israélites s'accommodèrent de
vivre en Babylonie, de s'y enrichir, d'y remplir des
fonctions à la cour des rois. Ainsi nous est-il expliqué
que seules les tribus de Benjamin et de Juda aient profité
de l'édit rendu en 536 en faveur des exilés par Cyrus,
roi des Perses, après la prise de Babylone.

II. — Le retour (535).

Zorobabel, descendant du roi Joakim, se chargea
de ramener les émigrants, qui étaient au nombre de

quarante mille environ. Ils étaient partis emportant, avec les dons de leurs frères, les vases sacrés pris par Nabuchodonosor et rendus par Cyrus. Leur premier soin fut la reconstruction du Temple, dont Zorobabel et le grand prêtre Josué ou Jésus posèrent en grande pompe la première pierre. Mais un obstacle inattendu survint. Les Samaritains, peuple nouveau formé du mélange des indigènes avec les colons assyriens établis en Israël par Assarhaddon, obtinrent du successeur de Cyrus un décret qui suspendait les travaux. Ils ne furent repris que sous Darius, fils d'Hystaspe, et la dédicace du Temple fut faite en 515.

Esdras. — Zorobabel avait relevé le sanctuaire; Esdras organisa le peuple, et fit refleurir la loi mosaïque. Il était revenu la septième année du règne d'Artaxercès Longue-Main, ramenant une nouvelle colonie composée de mille cinq cents hommes.

Néhémias. — Les murailles de Jérusalem étaient encore à terre, et la ville se trouvait livrée sans défense aux insultes des voisins. Apprenant ce triste état de choses, le Juif Néhémias, échanson d'Artaxercès Longue-Main, obtint du roi la permission de relever les remparts (445). Il employa ensuite douze ans à réorganiser l'administration. Il fit lire par Esdras la loi de Moïse devant tout le peuple, et le serment d'alliance avec Jéhovah fut solennellement renouvelé.

RÉSUMÉ

Les Juifs ne peuvent d'abord se consoler de l'absence de Jérusalem. Peu à peu ils se font à leur captivité, assez douce et profitable. Quarante mille seulement profitent de l'édit de retour de Cyrus en 536. Zorobabel relève le sanctuaire, dont la construction, interrompue par les Samaritains, ne s'achève qu'en 515. Esdras réorganise la loi mosaïque. Néhémias relève les murailles de Jérusalem en 445.

CHAPITRE X

CIVILISATION HÉBRAIQUE

SOMMAIRE

Religion. — Sciences, arts et lettres. — Agriculture, industrie
et commerce.

I. — Religion.

Le peuple hébreu eut la gloire de recevoir et de conserver, malgré bien des infidélités, le dépôt de la croyance
à un seul Dieu. C'est sa foi en Jéhovah qui lui donne son
importance historique, et qui le distingue des autres
peuples de l'antiquité. Tandis qu'autour de lui toutes les
nations courbent le front devant de grossières idoles et
se souillent par un culte honteux, lui seul reconnaît un
Dieu unique, immatériel, créateur, souverainement juste
et souverainement bon.

Le culte de ce Dieu, bien que chargé d'observances
extérieures, repose essentiellement sur des actes intérieurs, sur l'obéissance et l'amour. « Tous les sacrifices,
disait Samuel à Saül, ne valent pas un acte d'obéissance. » — « Tu aimeras Jéhovah ton Dieu, disait la
Loi, de tout ton cœur, de toute ton âme, de toutes tes
forces. » Cet amour de Dieu renferme nécessairement
l'amour du prochain. « Tu aimeras ton prochain comme
toi-même. » De ce double principe : amour de Dieu,
amour du prochain, découle une morale si pure, si
sublime, qu'elle efface toutes les leçons des philosophes
et n'a pu être surpassée que par la morale de l'Évangile.

II. — Sciences, arts et lettres.

Les Hébreux ne furent jamais fort versés dans les
sciences ni dans les arts. On sait que, pour élever le
Temple, Salomon dut s'adresser à des artistes et à des
ouvriers phéniciens. Il en fut de même quand il voulut

tenter des expéditions maritimes. Leurs connaissances mathématiques étaient à peu près nulles, et leurs méthodes pour mesurer et arpenter étaient assez peu scientifiques. Les abstractions n'attiraient point les Hébreux ; ils s'attachaient à la nature, qu'ils ont connue et aimée à merveille, comme le prouvent une foule d'images et de tableaux d'une exquise fraîcheur : « Levons-nous le matin pour aller aux vignes, dit le *Cantique des cantiques*, et voyons si la vigne est avancée, si la grappe est formée, si les grenadiers sont en fleur... Les mandragores jettent leurs odeurs, et à nos portes il y a toutes sortes de fruits savoureux. »

Parmi les arts, les Hébreux ont cultivé avec un éclatant succès la *musique*. David organisa la musique du Temple sur le plus grand pied, avec des chœurs qui chantaient les psaumes au son des harpes, des psaltérions et des cymbales. La musique était l'une des principales jouissances de la vie, et le plus grand plaisir qu'un Hébreu éprouvât, c'était de prendre son repas au son des instruments. Tout permet de supposer que les mélodies hébraïques étaient propres à exprimer les sentiments les plus variés et les plus vifs. On sait combien les étrangers en étaient émus, et à Babylone les gardiens des captifs leur demandaient de chanter leurs chants nationaux.

La poésie est la compagne inséparable de la musique, et par la poésie les Hébreux se sont placés au premier rang. Les lettres profanes n'ont rien à opposer aux sublimes prières des Psaumes, où toutes les émotions de l'âme se retrouvent avec une étonnante sincérité ; ni aux paroles de feu ou aux images étincelantes des prophètes Isaïe, Jérémie, Ézéchiel.

III. — Industrie et commerce.

Peuple de bergers et d'agriculteurs, les Juifs n'accordèrent jamais à l'industrie qu'une attention secondaire. Quand s'introduisirent chez eux des habitudes de luxe, pour les satisfaire ils s'adressèrent à l'étranger.

Le luxe ne parut guère qu'avec David et Salomon. Mais des rois il passa rapidement aux particuliers. Les maisons riches eurent des lambris et des colonnes en bois de cyprès ou de cèdre artistement travaillés. Leur sol se couvrit de lourds tapis aux couleurs éclatantes. L'Israélite s'habilla de soie, d'étoffes fines de laine, de lin, tantôt blanches, tantôt teintes en pourpre rouge ou violette. Il fit usage des parfums, de l'encens, de la myrrhe, des poudres et des huiles aromatiques.

Le luxe était grand surtout chez les femmes. Le prophète Isaïe lance d'éloquentes invectives contre leurs colliers d'or, leurs perles, leurs bracelets, leurs boucles d'oreilles, leurs bagues, les pierreries qui tombent sur leur front, leurs robes de grand prix, leur beau linge, leurs voiles, leurs miroirs. « Leur parfum, dit-il, sera changé en puanteur, leur ceinture d'or en cordes, et leurs cheveux frisés en tête nue ou chauve. »

Le commerce, qui a si fort enrichi les Juifs et qui les enrichit encore de nos jours, se borna longtemps, pour les Hébreux, à l'exportation chez les Phéniciens de leurs produits agricoles, tels que le miel, l'huile et le vin. Il prit de grands développements sous Salomon, qui, outre ses expéditions commerciales, tirait d'énormes revenus du trafic sur les produits égyptiens. Il tomba forcément sous les règnes troublés de ses successeurs. Il devait se réveiller après la captivité et reprendre plus de force que jamais lorsqu'un grand nombre de Juifs, sous les Ptolémées, se furent fixés à Alexandrie, qui devint comme une seconde patrie pour eux.

RÉSUMÉ

La religion chez les Hébreux dépasse toutes les conceptions religieuses des autres peuples de l'antiquité. A la différence des autres cultes, elle prescrit non seulement des observances extérieures, mais encore les actes intérieurs, l'amour de Dieu et du prochain. Peu versés dans les sciences et dans les arts, sauf dans la musique, les Hébreux excellèrent dans la poésie et dans les lettres en général, qui ont produit chez eux des modèles à jamais inimitables. Peuple essentiellement agriculteur, ils ne s'occupèrent sérieusement d'industrie, surtout de commerce, qu'après la captivité.

LES ÉGYPTIENS

CHAPITRE I

GÉOGRAPHIE DE L'ÉGYPTE

Configuration, superficie, etc. — Il n'est pas de pays dont la géographie soit plus simple que celle de l'Égypte. C'est une large bande de terre, ou plutôt de sable, qui s'étend du tropique du Cancer environ à la Méditerranée, entre la mer Rouge et le désert de Libye, sur une superficie un peu supérieure à la superficie de la France. Vers le milieu de cette bande de sable se déroule, comme un ruban d'eau et de fraîcheur, l'étroite vallée du Nil, qui ne s'élargit jamais au delà de cinq à six lieues, et se change en plaine vers Memphis, où commence le fameux Delta. Cette vallée et ce Delta sont toute la partie habitable de l'Égypte; ils ne présentent que la modeste superficie de vingt-neuf mille kilomètres carrés, c'est-à-dire un territoire un peu moins étendu que celui de la Belgique.

Le Nil. — Sans le Nil, l'Égypte ne serait qu'un affreux désert. Le Nil, à qui l'on fait généralement l'honneur d'être le fleuve le plus long du monde entier, a plus de dix-huit cents lieues depuis la région de l'Équateur, où l'on cherche ses sources, jusqu'à la Méditerranée. Le vrai Nil, ou Nil-Blanc, paraît sortir des grands lacs découverts de nos jours par les voyageurs anglais Burton, Speke, Grant, Baker et Stanley. Après avoir reçu à gauche le

Bahr-el-Gazal, ou rivière des Gazelles, il confond à Khartoum, capitale de la Nubie, ses eaux avec celles du Nil-Bleu, qui vient de l'Abyssinie. Le Tacazzé ou Atbara (ancien Astaboras) est son dernier affluent. Son cours en Éthiopie est obstrué par des rochers et coupé par des rapides, que les anciens décorèrent du nom de cataractes. Ces rapides, au nombre de six, entravaient la navigation dans l'antiquité ; la vapeur triomphe maintenant de ces obstacles.

Après la dernière cataracte, dite de Syène, aujourd'hui Assouan, le Nil quitte l'Éthiopie pour devenir un fleuve égyptien. Son cours jusqu'à la Méditerranée est encore de onze cents kilomètres : c'est celui de la Loire, le plus long de nos fleuves de France. Sa largeur est alors de six à sept cents mètres. Son volume d'eau, loin de croître, va diminuer à mesure qu'il marche vers la mer, parce que, à l'encontre des autres fleuves, il ne reçoit plus aucun affluent, mais abandonne, au contraire, une partie de ses eaux aux nombreux canaux qui s'ouvrent sur ses rives. Lorsqu'il se jette dans la Méditerranée, son débit n'est que légèrement supérieur à celui du Rhône.

Le Nil coule entre deux chaînes de montagnes fort rapprochées : la chaîne Arabique à l'est, et la chaîne Libyque à l'ouest. De granit rose près d'Assouan, puis de grès et enfin de calcaire, ces montagnes ont fourni les matériaux des gigantesques constructions égyptiennes.

Rôle du Nil. — « L'Égypte est un don du fleuve », a dit Hérodote. En effet, le Nil a créé le Delta, qui forme la plus grande partie de sa superficie : vingt-trois mille kilomètres carrés sur vingt-neuf mille de terres cultivables. Jadis toute la partie de l'Égypte connue sous le nom de Delta était un golfe aux eaux peu profondes. Les alluvions apportées par le Nil le comblèrent peu à peu ; d'abord marécageux, les terrains se consolidèrent ensuite par l'effet de nouveaux apports emprisonnant çà et là les eaux de la mer, qui formèrent des lacs : lacs Mariout, Boulos, Menzaleh, Ballah, Timsah, Amers, etc. Le Nil se jetait dans la Méditerranée par sept branches ; de nos jours, deux seulement sont à citer : la branche de

Rosette, au nord-ouest, et la branche de Damiette, au nord-est.

Le Nil a donc créé une partie de l'Égypte; on peut même dire qu'il l'a créée tout entière, parce qu'il a couvert d'une couche de limon très fertile la vallée, pur sable à l'origine. Mais de plus chaque année il lui rend sa fécondité. Sans lui rien ne viendrait, ni moissons, ni légumes, ni arbres, ni herbe quelconque, sur ce sol poussiéreux et sous cette atmosphère constamment embrasée, que ne rafraîchissent presque jamais même de passagères ondées.

Inondations du Nil. — Chaque année, à la suite des pluies périodiques qui inondent la région des grands lacs et les montagnes de la haute Abyssinie, se produit une crue de plusieurs mètres. Dans les derniers jours de juin, le fleuve se gonfle tout à coup. Il se répand dans les canaux qui coupent la vallée en tous sens, puis déborde sur les champs. Partout où l'eau pénètre, la terre est rafraîchie, et un limon fécond est déposé. La crue atteint son maximum au 21 septembre; elle diminue presque aussitôt, et au mois de janvier le fleuve est rentré dans son lit. Les semailles commencent alors, et la récolte se fait au mois de mars.

Pendant le débordement, les habitants, retirés dans les villes et les villages placés sur des élévations naturelles ou artificielles qui émergent comme autant d'îles, suivent avec anxiété la marche des eaux. Car l'abondance des récoltes dépend de la hauteur du Nil; entre cinq et sept mètres de crue, la récolte sera magnifique; de trois à cinq, de sept à huit, médiocre; mauvaise au-dessous de trois et au-dessus de huit; dans le premier cas, les eaux sont insuffisantes; dans le second, elles renversent les digues, et bouleversent les terres.

Durant la crue, le Nil présente un phénomène étrange, dont on ne peut suivre toutes les phases que dans la haute Égypte. L'eau, qui en temps ordinaire a une teinte bleu clair, devient verte, gluante et terne comme l'eau saumâtre; de plus, elle est très mauvaise à boire; c'est le Nil vert. Trois ou quatre jours après elle devient trouble; au bout de dix à douze jours, elle devient opaque et d'un rouge sombre : on dirait une rivière de sang; c'est le Nil rouge. Enfin, quand la crue atteint son maximum, les eaux prennent une teinte rose pâle.

De même que les Égyptiens ignorèrent toujours les sources du Nil, ainsi ils ne connurent jamais la cause de ses inondations périodiques. Ils la croyaient surnaturelle : Isis, en deuil d'Osiris, laissait tomber dans le Nil une des larmes qu'elle versait sur son frère. Au contact de cette goutte céleste, le fleuve s'enflait aussitôt.

Climat de l'Égypte. — Il n'y a en Égypte qu'une saison : un été éternel, car, sauf près du littoral méditerranéen, le ciel y est presque toujours serein et avare de nuages. Grâce cependant au Nil, le pays change perpétuellement de face. Au mois de juin, avant l'inondation, le sol est sec, poudreux, crevassé. En août et en septembre, l'Égypte n'est plus qu'un vaste lac. Puis les eaux, en se retirant, laissent paraître un sol noir et fangeux. Enfin, en février, le pays devient une prairie verdoyante, un champ de fleurs, un océan d'épis.

Malgré le soleil ardent, la température ne devient insupportable que lorsque souffle le terrible *kamsin* (siroco), vent qui se fait sentir de mars à la mi-mai, et qui dure environ cinquante jours. « Quand ses haleines ardentes emplissent l'air d'une fine poussière, la fournaise est partout. Alors, dit le poète, les crocodiles, demi-cuits dans leur carapace, se pâment avec des sanglots. »

Productions. — Tout venait presque sans culture dans le fertile limon déposé par le Nil : les céréales d'abord, c'est-à-dire le blé, l'orge, le sorgho. L'humidité du sol était favorable aux fèves, aux racines, aux légumes et aux fruits tant regrettés par les Hébreux, tels que les concombres, les oignons et les melons. On récoltait aussi le lupin, le pois chiche, la lentille et le ricin.

Deux plantes aquatiques surtout étaient célèbres : le lotus, dont on faisait une pâtisserie excellente; et le papyrus, dont on faisait non seulement du papier, des chaussures pour les prêtres, des barques pour la pêche, mais encore du pain. Ce pain de lis était une friandise recherchée et figurait sur les tables royales. Les palmiers étaient si nombreux, qu'ils formaient des forêts, comme encore aujourd'hui. On y voyait de plus le caroubier, le sycomore, le grenadier, l'abricotier, le figuier.

Animaux. — Le cheval et le chameau furent introduits en Égypte longtemps après la fondation du royaume. Mais de tout temps on y connut les bœufs, les chèvres, les chiens, les lièvres, l'ichneumon, la gazelle. L'Égypte nourrissait des ânes superbes. Parmi les bêtes féroces figuraient : le chat sauvage, le loup, le chacal, l'hyène, le léopard, le lion. Les hippopotames, aujourd'hui disparus, étaient nombreux, ainsi que les crocodiles, qui reculent de plus en plus vers le sud, mais que Champollion, il y a quelque soixante ans, put voir encore réunis en conciliabule par groupe de quatorze sur un ilot. Les serpents pullulaient ; les uns inoffensifs comme la couleuvre, d'autres très venimeux comme la vipère, et surtout l'aspic ou *uræus*, reptile long de deux mètres, qui figure souvent dans la coiffure des Pharaons.

Les oiseaux abondaient, et présentaient les espèces les plus variées : aigle, faucon, épervier, vautour, pigeon, pie, tourterelle, perdrix, moineau. Les ibis blancs et noirs, les pélicans, les flamants roses, les cormorans, les oies, les canards fourmillaient dans les eaux. L'oie et le canard, apprivoisés de toute antiquité, remplaçaient le poulet, encore peu connu. La pêche fournissait aussi un précieux appoint.

Toutes ces ressources permettaient à l'Égypte de nourrir une nombreuse population. Elle est considérable encore aujourd'hui, puisqu'elle est de près de dix millions. Mais autrefois elle était supérieure ; les uns disent de dix à quinze millions, d'autres même davantage.

Divisions de l'Égypte. — On divise actuellement l'Égypte en basse, en moyenne et en haute Égypte. Autrefois on se contentait de deux divisions : la haute Égypte, ou Thébaïde, du nom de Thèbes, sa principale ville ; et la basse Égypte, où se trouvaient Memphis et les Pyramides.

RÉSUMÉ

Tout petit pays, vingt-neuf mille kilomètres carrés, à peine grand comme la Belgique, l'Égypte a été créée par le Nil, à qui elle doit la plus grande partie de son sol et sa fertilité annuelle. Les inondations du Nil ont lieu de juin à décembre. Le sol produit les céréales en abondance, beaucoup de légumes et de fruits ; aussi la population y est-elle d'une densité exceptionnelle. Le climat, très doux en hiver, devient très chaud dès le mois d'avril. La chaleur dans la haute Égypte est pour l'étranger intolérable.

CHAPITRE II

LES ORIGINES

SOMMAIRE

Origine des Égyptiens. — Période fabuleuse des dieux. — Sens historique de cette période. — Type égyptien.

Origine des Égyptiens. — La Bible attribuait aux Égyptiens une provenance asiatique. « Misraïm, fils de Cham, dit la Genèse, se fixa sur les bords du Nil avec ses enfants. » Les Égyptiens vinrent en effet d'Asie par l'isthme de Suez. Ils durent trouver alors le pays bien désolé. La vallée du Nil abandonné à lui-même présentait un amas de terres improductives ou de bourbiers pestilentiels. Le Delta n'était encore qu'un immense marais. Mais cette terre ingrate ne devait pas tarder à se transformer sous les efforts du génie et de la patience de l'homme.

Temps fabuleux ou période des dieux rois. — La formation du sol et de la nation exigea plusieurs siècles. Cette longue période fut remplie par le règne des dieux, qui, au témoignage des Égyptiens, auraient exercé l'influence la plus heureuse. Ainsi le dieu Osiris fit perdre aux hommes l'habitude de se nourrir de chair humaine. La déesse Isis, sa sœur, leur révéla l'usage de l'orge et du blé. Thoth surtout, le dieu deux fois grand, fut le bienfaiteur universel : il apprit aux Égyptiens l'arithmétique, la géométrie, l'arpentage, le dessin, la musique, l'écriture, la médecine, en général tous les arts, comme celui de travailler les armes pour attaquer les animaux, et de fabriquer les instruments pour cultiver la terre. Le cours du Nil fut réglé et le pays défriché.

Sens de la période des dieux. — Ces fables sont une allégorie du travail lent et silencieux, fait à l'origine des temps sous l'inspiration des prêtres, et d'où devait sortir la civilisation égyptienne, civilisation qui nous apparaît presque dans son plein au moment où commence l'histoire, cinq mille ans environ avant Jésus-Christ. L'organisation du pays était celle que l'on trouve au berceau de la plupart des nations. L'Égypte était partagée en un certain nombre de petits États indépendants. Tous les chefs de ces États relevaient des dieux, et devaient obéir à leurs interprètes, c'est-à-dire aux prêtres. Un jour vint où l'influence sacerdotale plia devant l'influence militaire, et où l'autorité d'un seul chef s'imposa aux tribus divisées pour les grouper en un seul État. Le régime théocratique disparut alors et céda la place à la royauté.

Type égyptien. — Les Égyptiens en général étaient grands, avaient les épaules larges et pleines, la poitrine forte, les hanches peu développées, ce qui amenait entre le haut et le bas du corps une disproportion disgracieuse. Le visage était ovale, le front légèrement fuyant, les yeux petits et bridés, les lèvres grosses. La peau, blanche à la naissance, brunissait plus ou moins vite suivant qu'on l'exposait plus ou moins au ciel ; cela arrivait souvent pour le paysan, qui avait le ton du bronze. Ce type revit dans l'Égyptien de nos jours, surtout dans le *fellah,* ou habitant des campagnes.

RÉSUMÉ

Venus d'Asie par le détroit de Suez, les Égyptiens furent d'abord gouvernés par les dieux, c'est-à-dire par les prêtres, qui leur apprirent la civilisation et les arts utiles. Un travail lent et patient de plusieurs siècles prépara la brillante civilisation qui se révèle au commencement de leur histoire, cinq mille ans avant Jésus-Christ. L'Égypte ne formait pas alors un royaume, mais était partagée en plusieurs petits États indépendants. Un jour arriva où

un chef militaire, après avoir diminué l'influence sacerdotale,
réunit tous ces États sous son autorité. Alors la royauté se trouva
fondée.

CHAPITRE III

LA ROYAUTÉ, FONDÉE PAR MÉNÈS

Ménès. — Le premier roi fut Ménès, prince originaire de Thini, ville de Thébaïde, remplacée plus tard
par Abydos. Après avoir imposé son autorité aux divers
chefs d'États, réuni sous son sceptre la haute et la basse
Égypte, autrefois séparées, et fondé ainsi le patrimoine
des Pharaons, Ménès se bâtit une capitale sur la rive
gauche du Nil, à quelques lieues de la pointe du Delta.
Cette capitale, appelée *Memphis*, fut consacrée à Ptah,
divinité solaire, qui se fixa dans le grand temple élevé
par les soins du roi. Les anciens historiens nous
montrent dans Ménès tout à la fois un constructeur, un
législateur et un guerrier. Il périt, après un règne de
soixante ans, sous la dent d'un hippopotame.

Cette fin tragique, dans laquelle les prêtres affectèrent
de voir une punition de l'homme qui avait abaissé l'influence sacerdotale au profit de l'autorité militaire, n'em-
pêcha pas la mémoire du premier roi de rester toujours
populaire. On lui éleva des autels, et il fut adoré sous le
nom d'Ammon-Ra (*fils du soleil*).

Grandes divisions de l'histoire de l'Égypte. —
On peut adopter pour l'histoire égyptienne les trois
grandes divisions suivantes, qui comprennent les trente
dynasties des Pharaons.

1º Période memphite, 1re-10e dynastie; cap. Memphis.
2º Période thébaine, 11e-20e dynastie; cap. Thèbes.
3º Période saïte, 21e-30e dynastie; cap. Saïs.

Ces trois périodes sont caractérisées non seulement par
le déplacement de la capitale, ou du centre de gravité du
pays, mais encore par les évolutions très remarquables
de l'histoire de l'Égypte. Dans la première (5004-3064),

les Pharaons memphites créent le royaume. Dans la seconde (3064-1100), les Pharaons thébains jettent l'Égypte au dehors et en font un État conquérant : pendant près de six cents ans, elle domine sur le haut Nil et sur l'Asie occidentale. Dans la troisième (1100-525), sous les Saïtes, à part quelques tentatives avortées sur le dehors, elle reste dans ses frontières naturelles ; ou même, d'agressive devenue assaillie, elle se laisse écraser tour à tour par tous les peuples qu'elle avait opprimés.

RÉSUMÉ

Le premier roi humain de l'Égypte est *Ménès*, originaire de Thini, en Thébaïde. Ménès impose son autorité aux divers chefs des principautés égyptiennes, réunit sous son sceptre la haute et la basse Égypte, fonde ainsi un seul royaume sur les rives du Nil ; et bâtit à la pointe du Delta Memphis. A la fois guerrier, législateur, constructeur, Ménès fut déifié après sa mort et adoré sous le nom d'*Ammon-Ra*.

CHAPITRE IV

PÉRIODE MEMPHITE
1re-10e DYNASTIE (3004-3064) : CAPITALE, MEMPHIS

SOMMAIRE

I. LES DEUX PREMIÈRES DYNASTIES : achèvement de l'œuvre de Ménès.

II. LA 4e DYNASTIE : les Pyramides.

III. LA 6e DYNASTIE : prospérité et décadence.

I. — 1re et 2e dynasties : elles affermissent et complètent l'œuvre de Ménès.

Les deux premières dynasties étaient originaires de Thini, et de la famille de Ménès. Sous la première, on éleva la grande pyramide à degrés que l'on voit encore à Sakkarah. Alors aussi fut établi le culte des animaux sacrés, entre autres celui du bœuf Apis, considéré comme une manifestation vivante du dieu Ptah.

Un fait considérable se rapporte aux rois des deux premières dynasties. Nous avons vu qu'avant Ménès l'Égypte se trouvait divisée en un certain nombre de petits États indépendants. Ces États furent transformés par Ménès en provinces, et leurs chefs réduits à la condition de gouverneurs héréditaires. Il va sans dire que ces chefs cherchèrent plus d'une fois à reconquérir leur indépendance. Les successeurs de Ménès s'appliquèrent à les plier à l'obéissance et à éteindre dans les provinces les restes de la vie locale.

Ils y réussirent dans le Delta. Mais dans le reste de l'Égypte les gouverneurs, tout en acceptant pleinement la suzeraineté du Pharaon avec les devoirs qui en découlaient pour eux, n'en gardèrent pas moins dans leurs principautés pour l'intérieur une entière indépendance, et furent, vis-à-vis du roi, dans la situation de nos grands vassaux de la couronne au moyen âge.

II. — 4ᵉ dynastie : les Pyramides.

Nous ne savons rien de la 3ᵉ dynastie, sinon qu'elle était originaire de Memphis et qu'elle fit fleurir les sciences et les arts.

La 4ᵉ dynastie est la mieux connue et la plus célèbre de la période memphite. Elle couvrit la frontière orientale du Delta de forteresses pour la défendre contre les tribus nomades qui la harcelaient sans cesse, et pénétra elle-même jusqu'à la presqu'île du Sinaï, où elle fit exploiter de riches mines de cuivre et de turquoises. Mais elle doit surtout sa gloire à la construction des trois grandes Pyramides, hautes, les deux premières, de cent trente-six mètres environ; la troisième, la plus petite, de soixante-six mètres, ce qui est encore la hauteur des tours de Notre-Dame de Paris.

A la vue de ces masses gigantesques, le spectateur se sent oppressé, et chancelle comme sous un fardeau. Mais si les Pyramides proclament la puissance des trois Pharaons, *Khéops*, *Khéphren* et *Mykérinus*, qui les élevèrent pour y reposer après leur mort, leur vue seule suffit à

Intérieur de la grande Pyramide.

dire ce qu'elles ont coûté de peines, d'efforts à leurs sujets. Les traditions populaires, recueillies quatre mille ans après par Hérodote, racontent que ni Khéops ni Khéphren ne jouirent des tombeaux qu'ils s'étaient fait élever au prix de tant de souffrances; que le peuple, exaspéré, avait arraché leurs corps des sarcophages, et les avait mis en pièces. Et de fait les magnifiques statues de Khéphren ont été retrouvées en morceaux dans un puits où les avait jetées la colère du peuple.

La même impopularité ne poursuivit point Mykérinus. Le peuple lui sut gré de s'être contenté pour tombeau d'une pyramide haute de soixante-six mètres seulement, et la tradition se plut à l'opposer aux deux

tyrans comme un monarque débonnaire. Le sarcophage
de Mykérinus, retrouvé dans la troisième pyramide, était
l'un des plus admirables monuments de l'art égyptien
à ces époques reculées. Il a malheureusement péri avec
le vaisseau qui le transportait en Angleterre.

Les trois grandes pyramides se dressent sur le plateau de Gizeh, à une faible distance de Memphis. Tout
près, un énorme rocher avait été taillé sous forme de

Le Sphinx et les Pyramides de Gizeh.

sphinx. La tête mutilée s'élève à vingt mètres au-dessus
du sol, mais le corps est enseveli dans le sable. Ce colosse,
commencé peut-être avant le règne de Ménès, paraît avoir
été terminé par Khéphren. Il en est de même d'un temple
en granit et en albâtre déblayé tout près de là par M. Ma-
riette, et où l'on a retrouvé plusieurs statues gravées au
nom de Khéphren. Tous ces monuments sont d'un art
achevé, et peuvent compter parmi les œuvres les plus
étonnantes du génie humain.

III. — 6e dynastie : Nitocris ; prospérité et décadence.

A partir de la 6e dynastie, Memphis commence à
décliner. Elle conserve bien son titre de capitale ; mais
les princes de la dynastie nouvelle lui préfèrent comme

résidence les villes de la haute Égypte, et en particulier Abydos. La période de la 6ᵉ dynastie est d'ailleurs une période de prospérité intérieure et de gloire.

Les Pharaons soumettent les peuplades turbulentes de l'Éthiopie ; ils imposent leur joug aux tribus nomades des déserts de l'isthme et de la Syrie méridionale. En même temps, ils couvrent l'Égypte de monuments élevés par les prisonniers ramenés des terres conquises. Tombeaux superbes, fondations de villes nouvelles, réparation des temples, construction à travers le désert d'une route allant de la haute Égypte au port de Kosséir, avec des stations et des puits pour les caravanes : tels sont les témoignages de leur infatigable activité.

Des noms de ces souverains, en général rudes et difficiles à retenir, nous ne citerons que celui d'une femme, *Nitocris, la belle aux joues de rose.* Nitocris avait saisi le sceptre après la mort de son frère, assassiné par les grands. Elle gouverna d'une main ferme, tint hardiment tête aux factions qui cherchaient à détruire l'autorité royale, et retrouva assez de tranquillité pour achever la Pyramide de Mykérinus. La reine donna à cette Pyramide un revêtement qui faisait plus tard l'admiration des voyageurs grecs, romains et arabes.

Nitocris eut, selon Hérodote, une fin tragique. Pour se venger des seigneurs qui avaient assassiné son frère, elle les invita à un grand banquet dans une immense salle souterraine. Au milieu du repas, on fit entrer par un canal secret les eaux du Nil, et tous les coupables furent étouffés. Mais leurs partisans poursuivirent la reine ; et, pour leur échapper, Nitocris se jeta dans une grande chambre remplie de cendres. Elle fut ensevelie dans la pyramide de Mykérinus, où l'on a retrouvé les fragments de son magnifique sarcophage en basalte bleu.

La mort de Nitocris fut suivie d'une longue période d'anarchie, qui dura près de cinq siècles, et sur laquelle l'histoire est à peu près muette. L'Égypte semble ne plus compter parmi les nations, et quand elle se réveille, avec la 11ᵉ dynastie, c'est une nouvelle civilisation qu'elle nous présente, une nouvelle capitale et de nouvelles mœurs.

RÉSUMÉ

La période memphite, autrement dite ancien empire, comprend les dix premières dynasties. Les deux premières achèvent l'unité politique de l'Égypte commencée par Ménès. La 4e élève les trois grandes Pyramides de Khéops, de Khéphren et Mykérinus, et taille dans le roc la figure colossale du sphinx. La 6e continue les œuvres d'art, soumet l'Éthiopie et la Syrie méridionale et fait une foule de travaux utiles. Parmi ces Pharaons se distingue la reine Nitocris. La période memphite s'achève dans une longue anarchie. Mais aucune ne l'égale pour la prospérité intérieure et pour la perfection comme pour la grandeur des œuvres d'art.

CHAPITRE V

PÉRIODE THÉBAINE

11e-20e DYNASTIE (3064-1100?). CAPITALE, THÈBES

SOMMAIRE

I. DE LA 11e DYNASTIE A L'INVASION DES ROIS PASTEURS. — Conquête de l'Éthiopie. — Le lac Mœris. — Le Labyrinthe.

II. LES ROIS PASTEURS. — Invasion du Delta par les rois pasteurs. — Leur gouvernement. — Leur expulsion.

III. LES TROIS DYNASTIES DE THÈBES CONQUÉRANTES : 18e, 19e, 20e. — Thoutmès III. — Ramsès II. — Ramsès III.

La période thébaine est une période de grands travaux et de grandes conquêtes. Entre les grands travaux et les grandes conquêtes se place une humiliation profonde pour les princes de Thèbes. Chassés du Delta, pour une durée de six cents ans, par les *rois pasteurs*, ils ne se maintinrent dans la haute Égypte qu'à la condition de payer tribut aux envahisseurs.

I. — De la 11e dynastie à l'invasion des rois pasteurs.

Obscurs débuts de la période thébaine. — Quand l'Égypte se réveille après un long sommeil de cinq cents ans, les anciennes traditions sont oubliées. Noms propres des familles, titres des fonctionnaires, écriture, capitale, religion, tout est changé. Thèbes est devenue le siège de la puissance souveraine; les dieux du sud, Osiris d'Abydos, Ammon de Thèbes, ont remplacé les dieux du nord, Ptah de Memphis et Ra d'Héliopolis. L'Égypte a perdu une partie de ses conquêtes; les colonies du Sinaï ont été abandonnées, et l'Éthiopie a recouvré son indépendance. Enfin les arts semblent revenus à l'âge de l'enfance; les quelques monuments retrouvés sont rudes, primitifs, quelquefois grossiers.

La 11e dynastie est peu connue. On sait seulement qu'elle était originaire de Thèbes. Il ne nous reste à peu près rien des seize rois qui la composent.

Grandeur de la 12e dynastie. — La 12e dynastie est de toutes les dynasties égyptiennes celle dont l'histoire offre le plus de certitude et peut-être le plus de vraie gloire. Ses rois, à la fois ingénieurs et soldats, amis des arts et protecteurs de l'agriculture, ne cessèrent un seul instant de travailler à la grandeur de leur pays. Ses deux Pharaons les plus illustres furent *Ousirtesen III*, qui conquit l'Éthiopie; *Amenemhat III*, qui creusa le lac Mœris et bâtit le Labyrinthe.

Conquête de l'Éthiopie par Ousirtesen III. — Plusieurs fois battues, jamais soumises, les peuplades remuantes de l'Éthiopie ou Nubie, qui descendaient de Kousch, fils de Cham, avaient reconquis leur indépendance pendant les troubles qui marquèrent la' fin de la période memphite. Les premiers Pharaons de la 12e dynastie les domptèrent de nouveau. Cependant la conquête était peu solide encore : les peuplades ne cédèrent définitivement qu'aux armes d'Ousirtesen III.

Comprenant combien il serait difficile de maintenir toujours dans le devoir ces immenses régions, Ousirtesen eut la sagesse de réduire lui-même sa conquête. Il laissa la moitié de l'Éthiopie aux tribus kouschites, à la condition de payer un tribut, et fixa la frontière à Semneh, tout près de la deuxième cataracte. Une chaîne de rochers granitiques coupe en cet endroit la vallée et forme une série de rapides que l'on ne pouvait guère franchir qu'au temps des hautes eaux. De chaque côté, sur les rochers qui commandent l'étroit passage, Ousirtesen construisit une forteresse qui le rendit maître absolu du fleuve et de la vallée.

Le lac Mœris et le Labyrinthe.—Amenemhat III s'est rendu à jamais célèbre par ses immenses travaux : le *lac Mœris* et le *Labyrinthe*.

De tout temps les princes égyptiens s'étaient préoccupés de remédier à l'excès ou à l'insuffisance de l'inondation, deux fléaux également funestes. Amenemhat III conçut un projet d'une extrême hardiesse, et il eut l'habileté de le mener à bonne fin. Il voulut construire un réservoir énorme, qui recevrait le trop plein du Nil pendant les années d'abondance, et qui alimenterait les canaux secondaires dans le cas où une crue trop faible menacerait le pays de stérilité. Ce fut le lac Mœris.

On peut voir encore aujourd'hui, près de la ville de Médinet-el-Fayoum, les restes des digues construites pour retenir les eaux. Hautes seulement de trois mètres et demi, elles avaient jusqu'à cinquante mètres de large. Deux canaux, munis d'écluses, faisaient communiquer le réservoir avec le Nil, et régularisaient l'entrée ou la décharge des eaux. Un troisième canal lui permettait, quand il était menacé de déborder, de verser son trop-plein dans un lac naturel, le Birkel-Kéroun, qui subsiste encore de nos jours.

Sans dépouiller Thèbes du titre de capitale, Amenemhat III vint établir sa résidence dans la basse Égypte, et s'y érigea à la fois un palais et un tombeau. Bâti à l'entrée même du lac, ce palais, devenu temple après la mort de son fondateur, fut désigné par les Grecs sous le nom de Labyrinthe. Il renfermait, dit-on, trois mille chambres, dont moitié sous terre, si adroitement enchevêtrées, que l'étranger s'y égarait infailliblement. Au centre s'ouvraient douze grandes salles *hypostyles*, c'est-à-dire soutenues par des colonnes. Le tombeau du roi touchait au Labyrinthe; il y fut enseveli après quarante ans de règne. Malgré tant de gloire, son nom tomba peu à peu dans l'oubli; le lac et le Labyrinthe furent attribués à un roi imaginaire, Mœris.

La 13ᵉ dynastie, qui dura quatre cent cinquante-trois ans, soutint avec quelque gloire l'œuvre de la douzième. La plupart des statues royales de cette dynastie sont encore des chefs-d'œuvre ; on peut en juger par le colosse de Sevekhotep, que possède le Louvre. Tout semble indiquer que l'Égypte était encore une grande puissance, réunie sous un seul sceptre.

Mais peu à peu le centre de cette puissance se trouva déplacé : de Thèbes, qui avait eu la prépondérance pendant sept cents ans, il passa aux villes du Delta. Les Pharaons de la 12ᵉ dynastie et surtout ceux de la 13ᵉ, qui avaient un peu délaissé les villes du midi pour les villes du nord, Mendès, Saïs, Bubaste, Tanis surtout, contribuèrent à ce déplacement. Sous la 14ᵉ dynastie, la capitale fut Xoïs, au centre même du Delta.

II. — Les rois pasteurs : capitale Tanis.

Invasion du Delta par les rois pasteurs. — Les rois pasteurs appartenaient à ces tribus chananéennes qui, parties du golfe Persique, vinrent s'établir à l'orient de l'Euphrate, dans la terre qui fut appelée de leur nom terre de Chanaan. Cet événement eut lieu vers l'an 2300, quelque temps avant la vocation d'Abraham. De ces tribus, plusieurs franchirent le désert et se jetèrent sur la riche vallée du Nil.

L'occasion ne pouvait être plus favorable. La 14ᵉ dynastie, reléguée à Xoïs, achevait de s'éteindre au milieu du désordre et des guerres civiles. Elle ne put soutenir le choc de l'invasion et fut promptement renversée. Villes et temples, tout fut ruiné, pillé, brûlé ; les hommes surpris les armes à la main furent massacrés ; les autres avec les femmes et les enfants furent réduits en esclavage. La conquête du Delta achevée, les barbares élurent roi un de leurs chefs, *Saïtès*, qui s'établit à Memphis. Cependant, au midi, à Thèbes, des princes de la famille royale continuèrent à régner, mais à la condition de reconnaître la suzeraineté des conquérants.

Gouvernement des rois pasteurs. — Les rois

pasteurs ou Hycsos se signalèrent d'abord par d'horribles cruautés : aussi la haine populaire les poursuivit longtemps et les qualifia de maudits, de pestiférés, de lépreux. Cependant ils se laissèrent gagner rapidement par la civilisation des vaincus. Ils adoptèrent leurs usages, leur langue, leur religion aussi, mais en y

Le sphinx de Tanis.

faisant entrer de force leurs dieux principaux. La cour des Pharaons se reforma autour des rois pasteurs, avec toute sa pompe et son armée de fonctionnaires grands et petits. Tanis, devenue capitale, rouvrit ses temples, et fut embellie de nouveaux monuments. On a trouvé dans ses ruines des statues et des sphinx, qui montrent que les arts ne furent point négligés.

C'est sous les rois pasteurs que Jacob vint s'établir en Égypte, où il reçut un parfait accueil.

Expulsion des rois pasteurs. — La domination étrangère dura six siècles environ. Une révolte des princes thébains y mit fin ; mais la guerre dura plus de cent ans. Acculés à leur camp retranché d'Avaris, les pasteurs se défendirent longtemps encore. Ahmès Ier finit par les débusquer et les rejeter en Syrie. Quelques peuplades chananéennes obtinrent la permission de garder une partie de leurs terres et de rester dans le pays. Ce sont leurs descendants que nous retrouvons dans ces pêcheurs aux membres robustes, à la face sévère et allongée, qui peuplent encore les rives du lac Menzaleh. Ahmès fut le fondateur de la 18e dynastie.

III. — Les dynasties conquérantes de Thèbes.

A l'expulsion des Hycsos, l'Égypte, par une sorte de réaction contre l'oppression brutale dont elle avait tant souffert, sent le besoin d'opprimer à son tour. Elle dévient conquérante, et porte ses frontières, d'un côté jusqu'au Tigre et à l'Euphrate, de l'autre jusqu'au Nil Bleu. Trois dynasties surtout se font remarquer par leurs expéditions, la 18e, la 19e et la 20e, qui renferment chacune un nom célèbre : la 18e, *Thoutmès III*; la 19e, *Ramsès II* ou *Sésostris*; la 20e, *Ramsès III*.

18e dynastie. Thoutmès III. — Les conquêtes avaient commencé sous la 18e dynastie avant Thoutmès III. L'Éthiopie, qui avait peu à peu recouvré son indépendance sous les rois pasteurs, s'était vue contrainte de se remettre sous le joug, d'accepter la civilisation de Thèbes, sa langue, ses mœurs, son culte, ses colons et ses monuments. On l'avait érigée en vice-royauté. Le vice-roi fut le plus souvent le prince héritier de la couronne, qui porta le titre de *prince de Kousch*.

D'un autre côté, en Asie, les tribus chananéennes de Syrie avaient été soumises jusqu'à l'Euphrate. La puissante nation des *Rotennous* s'était distinguée entre toutes par son ardeur à combattre la domination étrangère. Elle n'accepta le joug qu'en frémissant, et nous allons voir tout à l'heure le mal qu'elle donna à Thoutmès III.

Thoutmès III régna d'abord sous la régence de sa sœur *Hatasou*. Cette princesse, dont l'ambition était extrême, et qui alla jusqu'à se faire représenter en homme, avec la barbe postiche des souverains, eut un règne brillant. Elle est restée célèbre par une expédition, composée de cinq vaisseaux, qu'elle lança à la conquête du pays de *Pount*, c'est-à-dire de l'Arabie heureuse. La route du pays de l'encens était indiquée, et les successeurs d'Hatasou surent la suivre.

La reine Hatasou (Hâtshopsitou). Musée de Berlin.

Après la mort de la régente sa sœur, Thoutmès III montra vite qu'il était digne de régner. Les nations asiatiques voulurent profiter de l'avènement du jeune prince pour secouer le joug. Une formidable coalition se forma sous l'inspiration des Rotennous. Thoutmès rencontra les confédérés à *Mageddo* ; il les culbuta dès le premier choc, et bientôt la prise de la place de Mageddo, où s'étaient réfugiés les débris des révoltés, détermina la soumission non seulement de la Syrie, mais encore de la Mésopotamie. Les années suivantes, le jeune roi fit en Asie diverses expéditions qui lui valurent un butin immense.

L'Égypte sous Thoutmès III est à l'apogée de sa puissance. À l'intérieur fleurissent l'ordre et le progrès. Au dehors, l'Égypte pose ses frontières où il lui plaît. L'immense empire des Pharaons embrasse l'Abyssinie, le Soudan, la Nubie, l'Assyrie, la Mésopotamie, la Babylonie, l'Arménie et l'Arabie heureuse. Les exploits de Thoutmès III, chantés par les poètes, ont été gravés sur une stèle monumentale qu'on a retrouvée de nos jours à Karnak.

« Je suis venu, dit à Thoutmès le dieu Ammon sur cette stèle, je suis venu ; je t'accorde d'écraser les barbares d'Asie, d'emmener en captivité les chefs Rotennous : je leur fais voir ta majesté, couverte de ta parure de guerre, quand tu saisis tes armes, sur ton char.

« Je suis venu ; je t'accorde d'écraser la terre d'Orient : je leur fais voir ta majesté comme un taureau jeune, ferme de cœur, muni de ses cornes, auquel rien ne peut résister.

« Je suis venu ; je t'accorde d'écraser les peuples qui résident dans leurs îles ; ceux qui vivent au fond de la mer entendent ton rugissement : je leur fais voir ta majesté comme un vengeur qui se dresse sur le dos de sa victime.

« Je suis venu ; je t'accorde d'écraser les peuples qui résident dans leurs lagunes, de lier les maîtres des sables et de les réduire en captivité : je leur fais voir ta majesté semblable au chacal, seigneur de vitesse, coureur qui rôde à travers les deux régions, du midi au nord. »

La 18e dynastie, qui avait commencé et s'était continuée avec tant de succès et de gloire, s'éteignit au milieu du désordre. Le fruit de tant de conquêtes fut assez éphémère, et la Syrie, ainsi que les autres contrées de l'Asie, ne tardèrent point à reprendre leur indépendance.

19e dynastie. Ramsès II ou **Sésostris.** — Les
premiers rois de la 19e dynastie assurèrent d'abord l'ordre
à l'intérieur ; puis ils essayèrent de rendre à l'empire
pharaonique ses anciennes limites, et, s'il faut en croire
les inscriptions des monuments, ils ne furent pas toujours malheureux dans leurs efforts. Le père de Sésostris
en particulier, *Séti Ier*, remporta d'éclatants succès en
Syrie. Il battit les *Khétas*, redoutable tribu établie dans

Le prince des Khâti (ou Khétas). Champollion, *Monuments de l'Égypte
et de la Nubie*, pl. CCIII.

le bassin de l'Oronte, et qui avait remplacé les Rotennous, épuisés, dans la direction de la guerre contre
l'étranger. Séti fit la guerre avec une sauvage énergie ;
les arbres furent coupés, les moissons détruites, et un
immense butin ramassé sur les vaincus. Ce butin servit
à élever plusieurs monuments fort remarquables, entre
autres, au palais de Karnak, la fameuse salle *hypostyle*
ou des colonnes, sur les murailles de laquelle on grava
les campagnes de Séti.

Ce triomphe était plus apparent que sérieux. Vaincus,
mais non soumis, les Khétas songeaient à la revanche.
Il fallut bientôt recommencer la lutte, et, de guerre
lasse, le Pharaon signa avec ses ennemis intraitables un
accord qui limitait la domination égyptienne aux sources

de l'Oronte. Restreinte à la Palestine et à la Phénicie, l'Égypte se voyait forcée de reculer.

Ramsès II, à tort ou à raison, devait surpasser en célébrité tous les Pharaons. Ce prince régna du vivant de son père Séti Ier. Encore enfant, âgé à peine de dix ans, il avait fait la guerre en Syrie; tout annonçait un prince énergique, qui ferait revivre les beaux jours de Thoutmès III. Ramsès fut, il est vrai, un prince vaillant; mais ni sa gloire ni ses succès ne justifient le titre assez audacieux qu'il se donne de *Maître des deux mondes*.

La paix semblait assurée partout, quand le chef des Khétas rompit le traité et déclara la guerre. Ramsès se porta rapidement jusque dans la vallée de l'Oronte. Trompé par de faux transfuges, il s'avançait sans défiance, laissant derrière lui le gros de son armée, lorsque tout à coup il se trouva en présence des Khétas. Il courut les plus grands dangers; sa valeur le soutint jusqu'au moment où son armée, accourant à la hâte, réussit à le dégager. Il y eut là une mêlée épouvantable. Les Khétas, vaincus, demandèrent et obtinrent la paix.

Mais alors les Chananéens se soulevèrent sur les derrières de l'armée victorieuse. Les Khétas reprirent aussitôt les armes, et la Syrie fut en feu du Nil à l'Euphrate. Après quinze ans de luttes, la paix fut signée. Les peuples de Syrie devinrent, non les sujets, mais les alliés du Pharaon.

Ramsès chercha à se consoler de son insuccès relatif en faisant chanter par ses poètes ses campagnes, surtout la valeur personnelle qu'il déploya dans le premier combat contre les Khétas, lorsqu'il fut entouré presque seul par les ennemis : « De la droite je lance mes flèches, de la gauche je bouleverse les ennemis. Je suis seul comme Baal, en son heure devant eux. Les deux mille cinq cents chars qui m'environnent sont brisés en morceaux devant mes cavales. Pas un d'entre eux ne trouve sa main pour combattre; le cœur manque dans leur poitrine, et la peur énerve leurs membres. Ils ne savent plus lancer leurs traits, et ils n'ont plus de force pour tenir leurs lances. Je les précipite dans les eaux comme y choit le

crocodile ; ils sont couchés face en bas, l'un sur l'autre,
et je tue au milieu d'eux. Je ne veux pas qu'un seul
regarde derrière lui ni qu'un autre se retourne : celui
qui tombe ne se relèvera pas. »

Momie de Rhamsès II.

Ce sont là de grands mots qui ne durent point consoler
Ramsès de l'humiliation qu'il fut forcé de subir en faisant la paix avec le roi des *vils* Khétas sur le pied d'une
complète égalité. Il épousa même la fille aînée de ce roi,
et il invita son beau-père à venir visiter la vallée du Nil.

Surfait pour ses conquètes, Sésostris ne l'a pas été

3*

moins pour ses constructions. On a dit de lui qu'il est le *roi maçon par excellence*. Il est bien vrai que les monuments élevés par ses soins sont nombreux et remarquables. Les deux magnifiques temples souterrains d'Ipsamboul en Nubie, le Ramesséum à Thèbes, les obélisques de Louxor, le colosse de Memphis, sont autant de monuments élevés à sa gloire. Mais cette gloire serait plus pure, si la vanité ne l'avait poussé à effacer des monuments déjà élevés les noms de ses prédécesseurs pour y substituer le sien. Le nombre des vols que l'on a ainsi relevés est considérable.

Il paraîtrait aussi bien prouvé que son long règne de soixante-sept ans ne fut pas une période de bonheur pour ses sujets. Il fut moins un roi qu'un despote licencieux et cruel. On sait quel joug de fer il fit peser sur les Hébreux. Ils durent élever sous le fouet des surveillants égyptiens les deux villes de Pithoum et de Ramsès, et ce fut lui qui porta l'odieux édit ordonnant de faire périr tous leurs enfants mâles. Mais les Hébreux ne furent pas seuls à souffrir. Une lettre d'un bibliothécaire de Ramsès nous apprend l'état misérable des habitants des campagnes, que les agents du fisc envoient aux corvées après les avoir dépouillés de leur récolte.

Aussi bien le règne de Sésostris finit-il dans une complète décadence. L'art, qui avait produit des œuvres admirables dans les premières années, semblait ne pouvoir plus produire que des œuvres de la plus étrange grossièreté. Les Barbares frappaient aux portes de l'empire, et les Libyens, population de la race indo-européenne, aux yeux bleus, aux cheveux blonds, qui avait envahi l'Afrique et refoulé l'ancienne population chamite de la Libye, firent si bien par leurs incursions incessantes, que le Pharaon, lassé, les laissa s'établir dans toute la partie occidentale du Delta. Ainsi se termine le règne du plus fastueux des Pharaons.

Meneuphtah, treizième fils de Sésostris, reçut de son père une succession difficile, que ses propres fautes devaient lui faire trouver encore plus lourde. Son règne, qu'il commença à l'âge de soixante ans au moins, ne fut qu'une suite d'invasions, de désordres et de fléaux de toute nature.

Il eut à combattre une nouvelle et terrible invasion des Libyens. Le roi n'osa point se montrer sur le champ de bataille, alléguant un ordre du dieu Ptah. Cependant ses armées furent victorieuses; mais les tribus étrangères fixées dans le Delta purent continuer d'y demeurer, à la condition de reconnaître l'autorité du Pharaon.

Meneuphtah est le Pharaon entêté qui refusa longtemps à Moïse la permission d'emmener hors de l'Égypte les Hébreux. Il dut consentir à la fin, bien malgré lui, et cet exode enleva à l'empire trois millions d'âmes d'une population saine et laborieuse.

Dans sa vieillesse, Meneuphtah vit son trône menacé par les intrigues des princes du sang royal. Les troubles continuèrent après sa mort, et durèrent jusqu'à l'avènement de la 20e dynastie. L'Égypte, morcelée, n'eut plus la force de prêter aucune attention aux événements extérieurs; aussi Josué et les Hébreux purent-ils sans être inquiétés faire la conquête de la terre de Chanaan, terre qui relevait de leurs anciens maîtres.

20e dynastie. — Ramsès III, fils du fondateur de la 20e dynastie, fut le dernier des grands souverains d'Égypte. Il défit dans une grande bataille entre *Raphia* et *Péluse* une coalition formidable de Teucriens, de Lyciens, de Syriens, qui menaçait le Delta à la fois par terre et par mer. « Moi, s'écria-t-il après la victoire, le roi Ramsès, j'ai agi comme un héros qui connaît sa valeur et qui étend son bras sur son peuple au jour de la mêlée. Ceux qui ont violé mes frontières ne moissonneront plus la terre; le temps de leur âme est mesuré pour l'éternité... Ceux qui étaient sur le rivage, je les fis choir étendus au bord de l'eau; je chavirai leurs vaisseaux, leurs biens tombèrent à l'eau... »

D'autres expéditions en Syrie, en Arabie, dans la péninsule du Sinaï, donnèrent à l'empire égyptien les limites qu'il avait eues au temps de Ramsès II.

Après avoir agrandi l'Égypte à l'extérieur, Ramsès III voulut la rendre prospère à l'intérieur en favorisant les arts, l'industrie et le commerce. La richesse publique et privée sembla renaître, l'Égypte put compter encore plusieurs beaux jours.

Décadence. — Pourtant la décadence approchait. Quatre siècles de guerres avaient épuisé l'Égypte. Les successeurs de Ramsès III se gardèrent donc de se lancer dans de nouvelles expéditions. Ils se bornèrent à assurer la paix. Mais dans le sein même de cette paix se montraient des pronostics inquiétants. Les classes ouvrières organisaient des résistances qui ressemblaient aux grèves de nos jours. La morale s'affaiblissait, et les délits devenaient de plus en plus nombreux. On violait les sépultures pour y chercher des trésors, et la police était impuissante à protéger les momies royales mêmes contre les entreprises de la canaille thébaine.

Au milieu de la décadence générale, *Ammon* seul et ses prêtres s'étaient fortifiés. L'influence sacerdotale finit par prendre le pas sur la puissance royale elle-même. Sous Ramsès XII, le grand prêtre d'Ammon, *Her-Hor*, vice-roi d'Éthiopie, général en chef des troupes nationales et étrangères, était de fait déjà le vrai roi. Après la mort de ce prince, il prit un titre conforme à sa puissance, et ceignit fièrement la couronne. Ceci se passait un siècle et demi à peine après la mort du grand Ramsès III.

RÉSUMÉ

La période thébaine, coupée en deux par l'invasion des rois pasteurs, est une période de grands travaux sous la 12e dynastie et de conquêtes sous les 18e, 19e, 20e dynasties.

Sous la 12e dynastie, Ousirtesen III fait à Semneh, sur le Nil, d'immenses travaux pour assurer sa conquête de l'Éthiopie. Amenemhat III creuse le lac Mœris et construit le Labyrinthe.

Venus de Syrie sous la 14e dynastie, vers l'an 2300, et maîtres de toute la basse Égypte pendant six siècles, les rois pasteurs, qui résident à Tanis et font bon accueil aux Hébreux, sont expulsés par le prince de Thèbes, Ahmès, fondateur de la 18e dynastie.

Sous la 18e dynastie, Thoutmès III, débarrassé de la tutelle de sa sœur Hatasou, met complètement sous le joug l'Éthiopie et soumet l'Asie occidentale jusqu'à l'Euphrate. Éphémères en Asie, ses conquêtes sont reprises sous la 19e dynastie par Séti Ier et son fils Ramsès II, qui cependant, malgré une lutte ardente contre les Khétas, ne peuvent garder qu'une partie de la Syrie. Ramsès II persécute les Hébreux, que son fils Meneuphtah laisse partir. Ramsès III, de la 20e dynastie, défend vaillamment l'empire contre les Barbares, Teucriens, Bédouins, Philistins, etc., et reprend la Syrie un moment perdue.

La période thébaine s'éteint dans l'anarchie, et les Pharaons de la 20e dynastie reculent devant l'influence des prêtres qui finissent par les remplacer.

CHAPITRE VI

PÉRIODE SAÏTE. — 21e-30e DYNASTIE (1100?-332).
CAPITALES, TANIS, BUBASTE, SAÏS

SOMMAIRE

I. TROUBLES ET INVASIONS (1100-656). — Délaissement de Thèbes. — Les Tanites. — Les Bubastites. — Les Saïtes.
II. PROSPÉRITÉ ET GLOIRE (656-525). — Psammétick Ier (656-617). — Néchao (617-601). — Psammétick II (601-595). — Apriès (595-570). — Amasis (570-526).
III. LA CONQUÊTE PERSANE (525). — Bataille de Péluse.

Jetée un moment avec fracas hors de ses limites par les dynasties conquérantes qui promenèrent leurs armes victorieuses des rives du Nil-Bleu à celles de l'Euphrate, l'Égypte rentrée ensuite dans ses frontières connut des jours mauvais, et la postérité des fiers Ramsès s'éteignit sans bruit dans l'impuissance. Les troubles intérieurs qui ont amené leur chute vont continuer pendant quatre siècles, aggravés par de nouvelles incursions des Barbares. Dominant enfin l'anarchie, les princes de Saïs donneront à l'Égypte un peu de gloire et de prospérité. Mais ce ne sera guère que pour un siècle; puis la conquête persane viendra enlever à l'Égypte son indépendance et la rayer de la liste des nations.

I. — Troubles et invasions (1100-656)
De Her-Hor à Psammétick Ier.

Délaissement de Thèbes. — Thèbes, si glorieuse autrefois, va passer au second plan. Cette déchéance est surtout la conséquence de besoins nouveaux. Déjà, sous la 19e et la 20e dynastie, des Pharaons, Ramsès II, Meneuphtah, Ramsès III, avaient séjourné dans le Delta, pour tenir tête aux Barbares qui frappaient sans cesse aux portes de l'empire. Thèbes était une capitale trop éloignée pour ce constant péril. Le centre de l'empire se déplacera de plus en plus vers le nord, et finira par se fixer dans la basse Égypte, oscillant seulement de Tanis à Bubaste, et de Bubaste à Saïs.

Les Tanites. — Les héritiers de Her-Hor ne purent continuer son œuvre. Du vivant même de Her-Hor, un Tanite, nommé *Smendès*, s'était proclamé roi, avait été reconnu dans le Delta et la moyenne Égypte, et avait fondé la 21e dynastie. La lutte, commencée aussitôt entre les deux maisons, se termina à l'avantage des princes de Tanis.

Les Pharaons Tanites embellirent de leur mieux Tanis, la nouvelle capitale. Ils eurent aussi quelque éclat à l'extérieur, et l'un d'eux maria sa fille à Salomon. Mais, pour se maintenir contre les compétitions du dedans et les dangers du dehors, ils furent obligés d'augmenter le nombre des soldats mercenaires, Libyens pour la plupart, et de livrer ainsi l'Égypte aux Barbares. Ces mercenaires eurent pour commandants des princes du sang, qui bientôt, en s'appuyant sur cette milice redoutable, devinrent les maîtres de l'Égypte, purent faire et défaire les rois à leur gré, et se mettre quelquefois même à leur place.

Les Bubastites. — *Seshonq* (le *Sésac* de la Bible), fils d'un de ces commandants, originaire de Bubaste, osa ceindre le diadème et réunit toute l'Égypte sous son pouvoir. Les héritiers de Her-Hor, qui n'avaient conservé que le titre de grands prêtres d'Ammon, en

furent dépouillés. Ils se retirèrent en Éthiopie à Napata, où ils fondèrent un royaume indépendant.

Seshonq fut un prince hardi et vigoureux. Il ne craignit point de donner asile à Jéroboam, menacé par
Salomon. Cinq ans après le schisme des tribus, il
envahit la Judée sous Roboam, pilla Jérusalem et
poussa jusqu'à Mageddo. Cette campagne n'eut d'autre
résultat que celui de satisfaire sa vanité. Après sa mort,
qui arriva bientôt, ses successeurs abandonnèrent tous
leurs droits sur la Judée.

Les successeurs de Seshonq vécurent en paix avec
leurs voisins. Mais ils laissèrent l'autorité royale s'affai-
blir à tel point, que les gouverneurs de provinces se rendirent peu à peu indépendants, et un jour arriva où
l'on ne compta pas moins de *vingt petits rois*.

Les Saïtes. — Au-dessus de ces roitelets avides de
turbulence et de pillage, une famille se haussa peu à
peu, celle des princes de *Saïs*. Mais à peine sur le trône,
les Saïs se virent menacés d'un danger redoutable qui
faillit les replonger à jamais dans l'obscurité. Dans leur
dépit, les roitelets appelèrent le prêtre-roi de Napata en
Éthiopie. Le prêtre-roi vint avec une armée innombrable et trancha le différend en soumettant tout le
monde à son autorité.

Un homme de cœur, de la maison des Saïtes, *Bocchoris*, réussit un moment, grâce aux révoltes qui
absorbaient les rois de Napata, à recouvrer son indépendance et à dominer tous les princes d'Égypte. Son
règne, fort glorieux, ne dura que sept ans. Dès qu'il fut
libre, le roi d'Éthiopie, *Sabacon*, accourut pour se venger de son rival révolté; il le vainquit, le prit et le fit
brûler vif. L'Égypte retomba sous l'autorité de Sabacon,
dont elle n'eut au reste qu'à se louer; car pendant
vingt ans il lui procura une profonde paix à la faveur de
laquelle elle sembla renaître à la prospérité.

La chute de Sabacon, vaincu à *Raphia* (718) par le
roi d'Assyrie *Sargon*, fut désastreuse pour l'Égypte. Les
vingt petits rois reparurent, et le malheureux pays,
réduit à l'impuissance par l'anarchie, devint une proie

que se disputèrent, en multipliant les ruines, les Assyriens et les Éthiopiens pendant plus de cinquante ans. Cela dura jusqu'au jour où un prince de Saïs, *Psammétick*, défit les roitelets, les détrôna ou les réduisit à la condition de vassaux, soumit après le Delta, la Thébaïde, fonda la 26e dynastie et rendit à l'Égypte la force contre l'étranger en lui rendant l'unité.

II. — Dernière et courte période de gloire : capitale Saïs.

De Psammétick Ier à la conquête perse (656 - 525).

Psammétick Ier (656-617).—Ce prince releva l'Égypte de ses ruines; il fit fleurir l'industrie, les lettres et les arts : on a de cette époque des peintures, des statuettes en or et en argent, des bagues et des bijoux, d'un travail exquis. En même temps les temples étaient restaurés, les canaux et les routes réparés, le développement de la population encouragé.

La politique extérieure fut pleine de mesure et de sagesse. Psammétick n'eut point l'ambition des conquêtes, ses expéditions se bornèrent à la soumission de la Palestine maritime. Il se préoccupa surtout de préserver l'Égypte des invasions, qui l'avaient tant fait souffrir. Il éleva donc des postes fortifiés pour la défendre, au sud contre les Éthiopiens, à l'est contre les Assyriens, et à l'ouest contre les Libyens.

Ce roi commit cependant une grave faute en s'aliénant la caste militaire. Il combla de faveurs les mercenaires grecs, Ioniens et Cariens, qui l'avaient aidé à se mettre sur le trône, et fit d'eux sa garde du corps. Ainsi délaissés, les mercenaires libyens et les soldats indigènes s'assemblèrent avec armes et bagages, et s'acheminèrent vers l'Éthiopie. Les prières de Psammétick, accouru à la hâte, ne purent les retenir. Le départ des mercenaires, au nombre de deux cent quarante mille, porta un rude coup à l'Égypte. Le roi dut se refaire péniblement une armée; et, une invasion de Cimmériens ayant sur ces entrefaites menacé le Delta, il fut obligé d'acheter leur retraite à force de présents.

Néchao II (617-601), fils de Psammétick, rappelle par son activité et son énergie les grands Pharaons, qu'il aurait égalés s'il avait eu leurs ressources. Son père lui laissait une belle armée. Il se créa une marine militaire, qui lui permit de dominer sur la mer Rouge et sur la Méditerranée. Il essaya de rétablir le canal des deux mers creusé par Séti Ier, que les sables avaient comblé vers la fin de la 20e dynastie. Il fut obligé d'y renoncer, après avoir perdu plusieurs milliers d'hommes.

Il fut plus heureux dans un autre grand projet. Les Tyriens et les Carthaginois avaient exploré le long de la côte d'Afrique les pays riches en or, en ivoire, en épices, en bois précieux; mais leur jalousie empêchait les autres nations d'arriver par la Méditerranée jusque dans ces régions lointaines. Néchao résolut de trouver un nouveau chemin et lança un peu au hasard des matelots phéniciens sur les eaux du golfe d'Arabie.

Pendant plusieurs mois les Phéniciens marchèrent vers le sud, la droite au continent qui s'allongeait devant eux, la gauche à l'orient. Vers l'automne ils descendirent sur la terre ferme, semèrent le blé dont ils avaient eu soin de se munir et attendirent la moisson. Aussitôt la moisson faite, ils reprirent la mer. Arrivés à un certain point, ils remarquèrent avec stupeur que le soleil parut modifier son cours et ne cessa plus de se lever à leur droite. Ils venaient, sans le savoir, de doubler la pointe méridionale de l'Afrique et remontaient maintenant vers le nord. En marchant toujours, ils atteignirent les colonnes d'Hercule, s'y engagèrent et rentrèrent ainsi dans les ports de l'Égypte. Ce voyage de circumnavigation avait duré trois ans; il demeura fort célèbre, mais fut sans résultat au point de vue du commerce.

Néchao se laissa ensuite séduire par l'idée de conquêtes en Asie, que rendait faciles la vieillesse de Nabopolassar, le gouverneur de Babylone qui avait renversé l'empire assyrien. Il marcha vers l'Euphrate en suivant la route tant de fois parcourue par les armées égyptiennes, et que marquaient Raphia, Gaza, Ascalon, les gorges du Carmel, Mageddo, le haut Jourdain, la vallée de l'Oronte, enfin Hamath. Il comptait traverser sans combat la vallée du Jourdain et celle de l'Oronte, lorsqu'au débouché des gorges du Carmel il rencontra les avant-postes d'une armée ennemie. C'était celle de Josias, roi de Juda. Néchao lui fit porter des paroles de paix. Mais Josias ne voulut rien entendre.

On se battit donc dans les champs de *Mageddo* (608); le roi de Juda y fut tué. Néchao continua aussitôt sa route vers l'Euphrate, et ne s'arrêta que sur les rives de ce fleuve. Il mit des garnisons égyptiennes dans tous les postes importants, puis revint recevoir l'hommage des petits princes syriens et mettre sur le trône de Juda *Joakim*, prince dévoué à sa politique. Après cinq siècles l'Égypte était une fois encore maîtresse de la Syrie.

Elle ne la garda pas longtemps : trois ans après, le fils de Nabopolassar, Nabuchodonosor, dirigeait une armée contre Néchao. Le Pharaon partit au-devant de lui plein de confiance : « Qui s'avance là pareil au Nil, et dont les flots se précipitent comme ceux d'un fleuve? C'est l'Égyptien, qui s'avance pareil au Nil et comme un fleuve dont les eaux se précipitent. Il monte, il inonde la terre, il va noyer villes et habitants. Avancez donc, chevaux! Chars, lancez-vous au galop! »

Celui qui marchait au combat avec tant de jactance fut complètement vaincu à *Karkhémis* (605). Nabuchodonosor se lança à sa poursuite : déjà il était à Péluse et se disposait à passer en Égypte, lorsque la mort de son père le rappela brusquement à Babylone. Néchao était sauvé, mais il perdait toutes ses conquêtes. Il mourut bientôt après (601), sans avoir pu prendre sa revanche. Son fils, *Psammétick II*, élevé tout jeune sur le trône, eut un règne fort court, où l'on ne trouve à relever qu'une incursion en Éthiopie.

Apriès (l'*Ophra* de la Bible) (595-570) fut le dernier roi saïte. Il voulut intervenir en Palestine pour soutenir Sédécias, roi de Jérusalem, menacé par Nabuchodonosor. Son intervention fut inutile, et Nabuchodonosor s'en vengea par une invasion sur les provinces orientales du Delta.

Il ne fut pas plus heureux du côté de la Cyrénaïque. Les Grecs avaient fondé Cyrène vers l'an 625 avant Jésus-Christ. Les tribus libyennes de la côte, sans cesse harcelées par les colons de cette ville, implorèrent l'assistance d'Apriès, qui fit marcher à leur secours une armée égyptienne. Mais cette armée fut complètement battue, et, sur le bruit qu'ils avaient été trahis par leur roi, les soldats offrirent la couronne à un officier nommé Amasis. Battu à Momemphis par son rival et pris, le malheureux Apriès fut étranglé.

Amasis ou **Ahmès** (570-526). — Pour consolider son pouvoir, l'usurpateur épousa une fille de Psammétick II. Son origine obscure le fit d'abord mépriser; il se releva promptement par son assurance, son habileté et sa prudence; il ne fut pourtant jamais aimé.

Du reste, selon Hérodote, peu de règnes valurent celui d'Amasis. Les Égyptiens s'enrichirent surtout par le commerce. Amasis favorisa beaucoup les Grecs, avec lesquels les relations commerciales étaient les plus importantes. Non seulement il leur permit de s'établir à *Naucratis*, d'élever des temples à leurs dieux sur le sol d'Égypte, mais encore il envoya aux temples de la Grèce de riches offrandes. Comme ses prédécesseurs, il ne négligea point les arts. Il construisit des temples et répandit à profusion les obélisques, les sphinx, les statues, les colosses : on se serait cru de nouveau aux beaux jours de Psammétick.

III. — La conquête persane (525).

Bataille de Péluse. — Amasis était le contemporain du grand Cyrus. Il ne vit pas sans inquiétude s'élever le puissant empire des Perses. Tout d'abord il songea à se prémunir contre lui en s'alliant à ses ennemis. Il jugea ensuite plus sage de rechercher l'amitié du conquérant, et il vécut toujours en paix avec lui. Mais Cambyse, successeur de Cyrus, jeune et plein d'ambition, résolut la conquête de l'Égypte.

Amasis mourut au moment où l'armée perse arrivait à *Péluse*. Son fils, *Psammétick III*, ne put tenir tête à un si redoutable danger. Son armée fut mise en déroute à la bataille de Péluse. Cette victoire décida du sort de l'Égypte. Psammétick, épargné d'abord, fut ensuite impliqué dans une conjuration et envoyé au supplice. L'Égypte devenait une province de l'empire perse (525).

Les Égyptiens essayèrent à plusieurs reprises de secouer le joug. Ils réussirent à recouvrer leur indépendance pour une période de soixante ans, de 406 à 345 (28e, 29e, 30e dynasties). Le dernier roi fut *Nectanébo*, qui lutta, mais en vain, contre les Perses. Ceux-ci, à leur tour, seront supplantés par Alexandre en 332.

RÉSUMÉ

Her-Hor, grand prêtre d'Ammon, ceint la couronne après la mort de Ramsès XII. Mais toute la basse Égypte lui échappe et reconnaît *Smendès*, fondateur de la 21e dynastie, qui réside à Tanis. Une lutte entre la maison de Her-Hor et les Tanites se termine à l'avantage de ces derniers. Les Pharaons de Tanis enrôlent dans leurs troupes des étrangers, des Libyens surtout. *Seshonq*, de Bubaste, général de ces mercenaires, ceint la couronne et commande à toute l'Égypte. L'Éthiopie lui échappe et se donne aux héritiers de Her-Hor. Seshonq donne asile à Jéroboam; il pille Jérusalem sous Roboam.

L'affaiblissement des descendants de Seshonq amène le partage de l'Égypte entre vingt roitelets. Les princes de Saïs réussissent à les dominer. Les roitelets implorent le prêtre-roi d'Éthiopie qui soumet tout le monde. Un prince saïte, *Bocchoris*, recouvre son indépendance et règne sept ans sur l'Égypte entière. Mais il est vaincu et tué par le prêtre-roi d'Éthiopie, *Sabacon*. Vingt ans après, Sabacon est vaincu lui-même à *Raphia* par l'Assyrien Sargon (718). Les vingt roitelets reparaissent. Enfin *Psammétick*, prince de Saïs, réussit à les dominer tous définitivement.

Psammétick Ier (656-617) fait prospérer l'empire et maintient la paix, mais commet la faute de s'aliéner les mercenaires étrangers, qui se retirent en Éthiopie. *Néchao II* (617-601) se crée une marine militaire, essaie mais en vain de rétablir le canal des Deux-Mers, fait faire autour de l'Afrique par des matelots phéniciens une exploration fameuse; se laisse séduire ensuite par l'appât des conquêtes; défait à *Mageddo* (608) Josias, roi de Juda, conquiert la Syrie, dispose du trône de Jérusalem en faveur de

Joakim; puis, vaincu à *Karkhémis* par Nabuchodonosor, perd toutes ses conquêtes (605).

Psammétick II (601-595), fils de Néchao, ne fait que passer sur le trône. *Apriès* (595-570), son successeur, est tué dans une expédition en Cyrénaïque par ses troupes, qui proclament roi *Ahmès* ou *Amasis*. Amasis (570-526) a un règne glorieux, s'applique à ménager le roi des Perses, Cyrus. Il meurt au moment où il se voit menacé par le fils de Cyrus, Cambyse. La bataille de *Péluse,* où est vaincu *Psammétick III* (525), livre l'Égypte aux Perses. L'Égypte recouvre son indépendance de 406 à 345. Les Perses sont évincés en 332 par Alexandre le Grand.

CHAPITRE VII

LA RELIGION ÉGYPTIENNE

SOMMAIRE

Le dieu des prêtres. — La trinité égyptienne. — Les trinités locales. — Les divinités animales. — Apis. — L'immortalité de l'âme.

C'est un grand et beau spectacle que celui que nous offre l'Égypte se montrant à nous dans la nuit des siècles, peut-être quatre à cinq mille ans avant Jésus-Christ, avec une civilisation déjà brillante et en plein épanouissement. Cette civilisation, l'Égypte elle-même nous la révèle, ainsi que d'ailleurs elle nous révèle toute son histoire. Les monuments impérissables qu'ont légués ses rois, ses nombreux tombeaux, ses papyrus, ses statues, sont les livres où nous retrouvons écrits non seulement les faits de sa vie politique et extérieure, mais encore sa religion, son industrie, ses mœurs, sa vie intime.

Nous commencerons naturellement par la religion, qui domine et éclaire toute la civilisation égyptienne.

Le dieu des prêtres. La trinité égyptienne. — Les Égyptiens étaient profondément religieux, et ils mêlaient la religion à tous les actes de la vie, soit privée, soit publique. Leurs prêtres ont eu sur la divinité des notions sublimes que l'on serait souvent tenté de rapprocher de la révélation mosaïque. Ils reconnaissaient un Dieu un en substance, mais triple en personnes. La Trinité comprenait le père, la mère, le fils. Ce Dieu triple et un avait tous les attributs de Dieu, l'immensité, l'éternité, l'indépendance, la volonté souveraine, la bonté sans limites.

Les trinités locales. — Une série de trinités locales se forma. Au premier rang de ces trinités père, mère, fils, figurent celles de Thèbes (Ammon, Mout,

La triade osirienne : OSIRIS, HORUS ET ISIS. (Groupe en or, musée du Louvre, salle des dieux. Hauteur : 7 à 8 centimètres.)

Kons), de Memphis (Ptah, Sokt, Imouthès), d'Abydos (Osiris, Isis, Horus).

On confondit ensuite ces dieux avec les astres. Ainsi Râ, le soleil, fut associé ou assimilé à Ammon, à Osiris, à Ptah ; Isis devint la déesse Lune.

Un dieu resta toujours commun à toute l'Égypte, ce fut le dieu Nil. Le Nil avait dans chaque province sa chapelle et ses prêtres. On célébrait solennellement sa fête au solstice d'été, avant d'ouvrir les canaux qui permettaient à l'inondation de s'épancher sur les terres. Une tradition prétend qu'on jetait alors en grande pompe dans ses eaux une jeune fille de race noble, parée comme pour des épousailles, *la Fiancée du Nil.*

Les divinités animales. — Les Égyptiens se laissèrent aller à croire que leurs dieux avaient pris la forme d'un animal. Ils ne se contentaient pas de représenter la divinité sous la forme de l'homme ou de la femme, mais on vit des divinités à corps humain avec une tête de chatte, de lionne, de bélier ou d'épervier. Ils en arrivèrent à adorer le crocodile, le chien, le chat, le bouc, l'épervier, l'ibis, et surtout le bœuf Apis, qu'on appelait la *deuxième Vie de Ptah* et l'*âme d'Osiris.* Des animaux immondes eurent ainsi des temples, et malheur à celui qui portait sur eux une main téméraire ! Diodore raconte que, pendant qu'il voyageait en Égypte (cinquante ans environ avant Jésus-Christ), un Romain établi à Alexandrie tua par hasard un chat. Le peuple s'assembla aussitôt, le saisit et le mit à mort malgré sa qualité de citoyen romain, malgré les prières du roi, qui dépendait de Rome et craignait pour sa couronne.

Il est très probable que les prêtres, dans tous ces animaux, n'ont vu que des images vivantes, des formes sensibles de leurs dieux, et que leur culte, à travers cette forme grossière, s'est adressé à une divinité invisible et immatérielle. Mais il est sûr que le vulgaire n'allait pas au delà de l'animal, et que son culte n'était que la plus monstrueuse des idolâtries. Bossuet a pu dire qu'en Égypte tout était dieu, excepté Dieu lui-même.

Le bœuf Apis, devenu pour les Égyptiens l'expression la plus complète de la divinité sous la forme animale, n'était point pris au hasard. Il devait être noir, porter au front une tache triangulaire, sur le dos la figure d'un vautour ou d'un aigle aux ailes éployées, sur la langue l'image d'un scarabée, insecte cher à Ptah ; enfin les poils de sa queue devaient être doubles. Il vivait à Memphis, dans une chapelle attenante au temple de Ptah. Pendant vingt-cinq ans, il recevait les honneurs divins ; ce laps de temps écoulé, les prêtres le noyaient dans une fontaine consacrée au soleil ; mais son cadavre était soigneusement embaumé, puis déposé dans une tombe sur laquelle les dévots venaient prier ; même mort, Apis continuait à être dieu.

L'immortalité de l'âme. — Les Égyptiens ont cru à une autre vie. Pour eux, la mort n'était même qu'un changement de vie. Après avoir vécu dessus terre, on vivait dessous. Le corps était inerte ; mais son *double*, c'est-à-dire un second exemplaire d'une ressemblance parfaite, lui survivait. La survivance du double dépendait de la conservation du corps. De là les grands soins apportés par les Égyptiens à la sépulture des morts. On embaumait les corps par des procédés perdus depuis longtemps, qui rendaient la momie comme indestructible ; la momie embaumée était enfermée dans un caveau plus ou moins riche, suivant la qualité du défunt, puis, pour protéger le mort contre les profanations, on murait l'entrée, qu'on obstruait en y roulant des quartiers de roche.

Le double vivait dans le tombeau et ne le quittait jamais, sauf pour aller à la recherche de la nourriture, quand les parents négligeaient d'apporter les offrandes funéraires. Et cependant, par une contradiction que les Égyptiens n'eurent jamais la pensée d'expliquer, l'âme ne restait point avec ce double ; elle comparaissait devant Osiris et les quarante-deux juges de l'enfer. Ses actions étaient pesées dans la balance infaillible de vérité et de justice. L'âme coupable tombait dans l'enfer, où des matières immondes étaient sa nourriture et sa boisson, où elle était poursuivie par des scorpions et des serpents, où enfin après mille tortures elle trouvait la mort et l'anéantissement final. L'âme juste, après avoir passé par une longue série d'épreuves, entrait dans la béatitude, et, devenue la compagne d'Osiris, l'être bon par excellence, elle était nourrie par lui de mets délicieux.

RÉSUMÉ

La religion compénétrait de toutes parts la vie égyptienne. Les prêtres connurent l'unité de Dieu et eurent sur la divinité des idées très élevées. Mais leur habitude de représenter la divinité non seulement sous la forme humaine, mais encore sous la forme animale, engendra pour le peuple le polythéisme le plus grossier. Les prêtres eux-mêmes délaissèrent la trinité égyptienne primitive pour des trinités locales. Thèbes adora Ammon, Mout, Kons; Memphis, Ptah, Sokt, Imouthès; Abydos, Osiris, Isis, Horus. Ammon, Ptah, Osiris furent ordinairement assimilés à Râ, le soleil. Le Nil persista toujours à être regardé comme la grande divinité nationale. Parmi les animaux adorés par la foule, figura au premier rang le bœuf Apis.

Les Égyptiens crurent à une autre vie. Le défunt se survivait à lui-même dans le tombeau par son *double*, et son âme, jugée par Osiris, allait dans la béatitude ou en enfer suivant ses œuvres.

CHAPITRE VIII

LA SOCIÉTÉ ÉGYPTIENNE

SOMMAIRE

I. LE ROI. — Caractère de la royauté. — La cour. — L'administration. — Les lois et les tribunaux.
II. LES CLASSES PRIVILÉGIÉES. — Nobles, prêtres, guerriers.
III. LE PEUPLE. — Artisans ou bourgeois. — Paysans ou fellahs.

I. — Le roi.

Caractère de la royauté. — A la tête de la société égyptienne apparaît le roi ou *Pharaon*.

Le Pharaon n'est pas seulement un roi, il est un dieu. Successeur et descendant des divinités qui avaient régné sur la vallée du Nil, il est la manifestation vivante et l'incarnation de Dieu. Aussi se proclame-t-il toujours *Se Ra*, le fils du dieu Soleil. Il porte dans ses mains les insignes des dieux suprêmes : la croix de vie, d'une ressemblance étonnante avec la croix chrétienne, le crochet, le fouet, le sceptre à tête de lévrier. Il ceint leur diadème, le *pschent*, sur lequel étincelle menaçante la figure dorée de l'uræus ou de la vipère. Ses sujets l'abordent les yeux bas, la tête et l'échine pliées; ils *flairent* le sol devant lui, se voilant la face des deux mains pour la protéger contre le feu de son regard, et murmurent, en lui présentant leur requête, une formule d'adoration.

Les rois étaient donc adorés de leur vivant. Comme tous les dieux, ils avaient leur collège de prêtres qui leur présentaient l'encens et les autres offrandes ; souvent même ils offraient l'encens à leur propre image.

L'étiquette observée autour d'un dieu-roi ne pouvait manquer d'être rigoureuse. Tous les actes du Pharaon, non seulement de sa vie publique, mais encore de sa vie privée et familière, étaient réglés d'une façon invariable. Maîtres absolus de leurs sujets, les rois étaient eux-mêmes les serviteurs de la religion et de la coutume. Toujours dignes et majestueux en public, ils savaient cependant quelquefois, dans la vie intime, oublier leur grandeur. Ainsi Ramsès II est représenté poussant le pion sur le damier avec sa femme et ses enfants.

On a souvent répété, après les historiens grecs, que les rois étaient, une fois morts, solennellement jugés par l'assemblée du peuple, qui leur accordait ou leur refusait la sépulture. C'est là un pur roman. Le roi était un dieu aussi bien mort que vivant. Il entrait dans le Panthéon égyptien, et recevait de ses successeurs les honneurs divins, comme Osiris, Ptah ou Ammon.

La cour. — Autour du Pharaon se presse une cour nombreuse. Pour sa toilette, il a des barbiers qui lui rasent la tête et le menton, des coiffeurs qui fabriquent ses immenses perruques ou ses barbes postiches, des valets qui lui polissent les ongles, des parfumeurs qui lui oignent les membres d'huiles et de pâtes odorantes, ou lui teignent de fard le tour des paupières, les lèvres et les joues ; pour les jours de maladie, des médecins qui ordonnent, confectionnent et appliquent les remèdes ; pour le service de la garde-robe, des bijoux et des couronnes, tout un bataillon de serviteurs ; pour le service des divertissements, des danseurs, des musiciens, des chanteurs, des bouffons et des nains ; pour le service de la bouche, une foule de maîtres-queux, de sommeliers, de panetiers, de bouchers, de boulangers, de pâtissiers, de pourvoyeurs de poissons, de gibier ou de fruits ; enfin pour l'exploitation du monde surnaturel, des magiciens qui interprétaient les songes, guérissaient les maladies mystérieuses, et égayaient le roi par les prodiges les plus merveilleux, comme de changer une baguette en serpent ou de recoller sur les animaux les têtes d'animaux coupées.

Pour loger cette cour, ses femmes, ses nombreux enfants, il fallait au Pharaon non un simple palais, mais une véritable cité. Les constructions étaient d'ailleurs faites en bois, en briques, le tout assez mal établi, peu solide, bâti pour une vie seulement; chaque Pharaon voulant posséder un chez soi à sa guise, qui ne fût pas hanté par le souvenir importun d'un souverain défunt.

Tout autour de la cité du Pharaon étaient d'autres logements pour la multitude des fonctionnaires chargés de gérer sa fortune et les immenses magasins où étaient amoncelés les produits de ses terres ou de l'impôt. Les Pharaons, en effet, en principe étaient propriétaires de tout le sol égyptien, et bien qu'ils en eussent en fait aliéné une bonne partie au profit des temples, des favoris ou des seigneurs, ils possédaient encore la moitié des terres, et de plus, l'usage de la monnaie étant inconnu, c'était en *nature* qu'était perçu l'impôt.

Administration. — L'Égypte était divisée en circonscriptions, appelées par les Grecs *nomes*. Ces circonscriptions étaient beaucoup plus petites que nos arrondissements, et leur nombre varia de trente-six à quarante-quatre. Les nomes étaient gouvernés par des officiers qui relevaient directement du roi; quelquefois aussi par des princes héréditaires.

Dans l'administration, le roi était assisté par une bureaucratie puissante, nombreuse, savamment constituée, avec une hiérarchie aussi forte que complexe. Cette bureaucratie était l'immense corporation des *scribes*, corporation qui était très paperassière, mais qui avait le mérite de tenir sa comptabilité avec un ordre parfait.

La loi et les tribunaux. — La volonté seule du Pharaon faisait la loi. Bossuet a vanté les lois de l'Égypte, qui étaient, dit-il, simples et pleines d'équité. D'une juste sévérité, elles donnaient une protection efficace aux biens, à l'honneur, à la vie des citoyens. L'homicide était puni de mort, et le témoin d'un assassinat qui n'avait rien fait pour empêcher le crime subissait la même peine. Le parjure, les attentats aux mœurs étaient cruellement réprimés. Les lois civiles, fort sages, réglaient soigneusement les droits entre les particuliers. Les contrats, actes de vente, de louage, étaient garantis par des formalités protectrices.

Seul législateur, le Pharaon était aussi le seul juge. Mais d'ordinaire il ne se réservait que les causes les plus importantes et déléguait ses pouvoirs pour la plupart des autres. Les gouverneurs des nomes et des villes, souvent les prêtres, étaient chargés de rendre la justice. Il y avait dans les jugements comparution de témoins, exhibition et étude de pièces écrites; mais le serment y jouait aussi un grand rôle et le bâton encore plus. Pour les fautes légères, la peine était la bastonnade, la prison, l'amende; pour les crimes graves, les travaux forcés, la perte du nez ou des oreilles, la mort par pendaison, décollation, pal ou bûcher.

II. — Les classes privilégiées.

Au-dessous du Pharaon, dans la société égyptienne, venaient trois classes privilégiées : les nobles, les prêtres et les guerriers.

Les nobles. — La noblesse comprenait la postérité des enfants des souverains, la descendance des vieilles maisons princières indépendantes avant la fondation de la royauté, et les familles des hauts dignitaires ou ministres du Pharaon. Elle fourmillait naturellement dans les charges importantes de la cour ou de l'administration. Le noble était exempt des impôts; son insigne était la canne en bois d'acacia.

Affaiblie et comme domestiquée dans le Delta, où le Pharaon possédait la plus grande partie des terres, la noblesse releva la tête dans la moyenne et haute Égypte, et réussit souvent à y maintenir son indépendance à peu près entière, ne reconnaissant au Pharaon que le droit de suzeraineté. L'Égypte aussi a eu sa féodalité.

Les prêtres. — La classe sacerdotale égalait, si elle ne la dépassait, la classe noble. Les prêtres étaient puissants par leur condition même, qui faisait d'eux les intermédiaires obligés entre le peuple et les dieux, puissants par les charges qu'ils unissaient à leurs fonctions essentielles : il n'était pas rare de voir des prêtres administrateurs, juges, et même commandants d'armée ; puissants par l'étendue de leur instruction, qui embrassait non seulement les sciences sacrées, mais encore toutes les connaissances profanes, géométrie, arithmétique, astronomie, littérature ; puissants enfin par l'usage constant où étaient les Pharaons, avant toute entreprise importante, de consulter les images des dieux, images dont les prêtres dictaient les gestes et les réponses par une supercherie assez grossière, qui n'ébranlait cependant la foi de personne.

Très considérés, les prêtres étaient aussi fort riches. La piété des Pharaons et des grands les portait à faire des donations en terres aux temples des dieux. Ces donations formèrent à la longue un domaine considérable, qui atteignit le tiers du territoire égyptien. Les revenus de ce domaine, les offrandes des dévots, les viandes des sacrifices, allaient aux prêtres, qui en outre étaient dispensés de tout impôt, de la corvée et du service militaire.

En retour, ils avaient à observer mille pratiques religieuses. Quant aux pratiques hygiéniques, elles étaient, dit Hérodote, innombrables. Ils étaient tenus en particulier à la plus grande propreté sur eux et dans leurs vêtements. Leur robe, toujours soigneusement blanchie, devait être de lin, et ils ne pouvaient porter que des chaussures légères en écorce de papyrus.

Les guerriers. — Les soldats étaient loin de posséder l'influence et la richesse du clergé : ils n'en formaient pas moins une classe privilégiée, jalouse de ses droits et faisant des envieux.

Cette classe, d'origine inconnue, n'était pas fermée ; mais en pratique elle ne s'ouvrait guère que devant les

Bédouins, les nègres, les Éthiopiens, les prisonniers de guerre et les aventuriers venus de Libye ou d'au delà des mers : l'Égyptien était peu belliqueux de sa nature et ne servait pas volontiers. Les soldats mercenaires composaient la garde du Pharaon ou des barons, et le noyau permanent autour duquel se ralliaient les troupes indigènes en temps de guerre. Ils recevaient un domaine modeste, mais suffisant pour les faire vivre, eux et leur famille. Ils étaient aussi dispensés de toute taxe et de toute corvée. A la longue les soldats formèrent une sorte d'aristocratie qui se fit redouter du Pharaon et des hauts barons égyptiens.

III. — Le peuple.

Les artisans et les cultivateurs formaient le peuple, tourbe misérable et dédaignée, qui ne jouissait d'aucun droit, et sur qui pesaient toutes les charges.

Les artisans. — Les artisans étaient des travailleurs qui habitaient les villes et les bourgs, et qui pour cette raison pourraient être appelés *bourgeois*. Mais ils ne formaient pas la véritable bourgeoisie. La bourgeoisie était composée des serviteurs des temples, des innombrables fonctionnaires qui s'étageaient dans les administrations royales ou féodales, vivant de revenus fixes et assurés, échappant en totalité ou en partie aux impôts et aux corvées, ayant une certaine instruction et une certaine culture, professant pour tous ceux qui étaient obligés de travailler de leurs bras, pour les artisans, un mépris non déguisé.

Les artisans, maçons, tailleurs, cordonniers, forgerons, voleurs même, se groupaient en corporations. Outre l'impôt personnel, dit capitation, et l'impôt sur les maisons, ils avaient à payer un impôt qui leur était particulier, la *patente*, prélevée sur l'industrie. A ces taxes s'ajoutaient les *corvées*, journées de travail réclamées par le Pharaon, par les seigneurs, pour les besoins divers de leur cour ou pour leurs fastueuses constructions.

Tout cela faisait aux artisans une vie assez dure. « Je

n'ai jamais vu, dit un papyrus, forgeron en ambassade,
ni fondeur en mission ; mais ce que j'ai vu, c'est l'ou-
vrier à la gueule du four de sa forge, les doigts rugueux
comme crocodiles et puant plus que poisson gâté. L'artisan qui manie le ciseau, la nuit il travaille encore chez
lui à la lampe. Le tailleur de pierre, quand ses bras
sont usés, il s'arrête. Le barbier qui rase jusqu'au soir,
quand il se met à manger, c'est sur le pouce. Te dirai-je
le maçon ? Ses deux bras s'usent au travail..., il se mange
lui-même, car il n'a de pain que ses doigts. »

Les paysans ou **fellahs.** — Plus dure encore était
la condition du campagnard. Très rarement propriétaire,
tout le sol appartenant au roi, aux grands, aux prêtres
et aux guerriers, il était réduit à se faire valet ou tout
au plus fermier. Il devait payer au maître du sol la dîme
de tous ses produits ; payer à l'État sa taxe personnelle.
Ces impôts étaient exigés avec la dernière brutalité :
d'ordinaire le fellah ne cédait son bien qu'après avoir été

La levée de l'impôt : la bastonnade. Tableau d'un tombeau à Béni-Hassan.
(Champollion, *Monuments de l'Égypte et de la Libye*, pl. CCCXC.)

roué de coups. Sa position aurait été cependant tolérable
sans les corvées qui lui prenaient le meilleur de son
temps : corvées pour la culture des terres royales ou
seigneuriales, corvées pour étayer, réparer les digues,
curer les étangs ; corvées pour les grands travaux publics,
pyramides, tombes royales, temples ; travail de chien,
commencé à l'aube pour finir à la nuit, avec une heure

de repos au milieu du jour, fait sous un soleil de feu et sous la menace perpétuelle de l'inévitable bâton du surveillant.

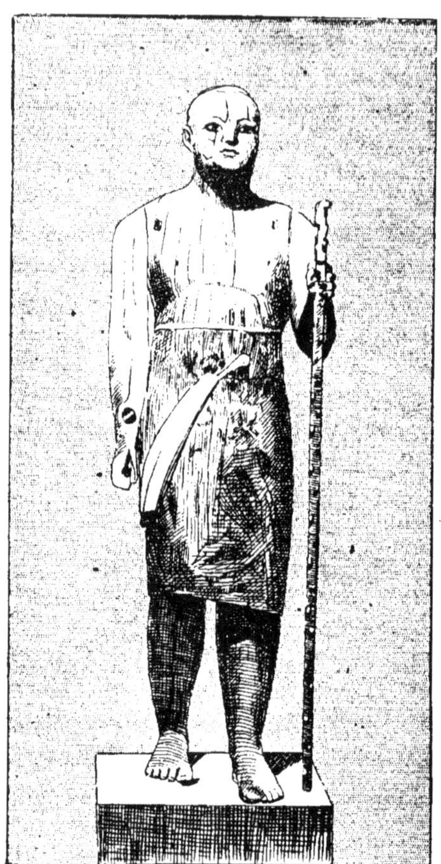

Chef des corvées (Sheikh el Beled).
Statue du musée de Gizeh.

Le paysan des époques pharaoniques semble revivre tout entier dans le misérable fellah moderne qui, pour toute propriété, bien souvent n'a qu'une méchante cahute en boue du Nil construite par lui-même en une journée, haute de deux mètres, large d'une quinzaine de pieds carrés, et recouverte de branchages ou de paille; qui, plus qu'à demi nu, est courbé du matin au soir sur la terre, sans jamais un seul jour de repos, mangeant à la hâte quelques fruits avec une mauvaise galette de dourah ou de maïs, cuite sous la cendre d'un feu de crottin desséché d'âne et de chameau, et vivant étranger à tout ce qui se passe dans le monde, même autour de lui, en Égypte. La terre d'Égypte est cependant grasse et féconde; pour lui faire donner des fruits merveilleux, le paysan n'a qu'à la remuer avec des outils des plus primitifs, hoyau, charrue, trident en bois. Mais le fellah n'a jamais travaillé que pour ses maîtres : dans l'antiquité, pour le Pharaon et les classes privilégiées; dans les temps modernes, pour le khédive et les gros propriétaires musulmans.

RÉSUMÉ

A la tête de la société égyptienne est le roi ou Pharaon, qui n'est pas seulement un monarque absolu, mais encore dieu, de son vivant et après sa mort. Le Pharaon exploite directement ou indirectement la moitié du sol, a une cour nombreuse et brillante, une administration solidement organisée où domine le scribe. Sa volonté fait la loi, qui est appliquée par les gouverneurs des trente-six nomes, à la fois juges et administrateurs.

La société égyptienne comprend trois classes privilégiées : les nobles, qui ont réussi à sauvegarder leur indépendance dans la moyenne et haute Égypte, où ils forment une sorte de féodalité; les prêtres, qui possèdent un tiers du territoire et qui remplissent, outre les fonctions sacerdotales, une foule d'autres missions; les soldats, étrangers mercenaires, Libyens pour la plupart.

Au dernier échelon de la société et comme en dehors d'elle viennent les fellahs, artisans ou cultivateurs, sur qui pèsent dans leur plénitude les impôts et les corvées.

CHAPITRE IX

DÉTAILS DE LA CIVILISATION ÉGYPTIENNE

SOMMAIRE

Habitations. — Mœurs. — Lettres. — Sciences. — Arts.

Habitations. — Les villes construites par les Pharaons d'après un plan étaient assez régulières. Quant aux autres, et c'était le plus grand nombre, elles formaient un ensemble de ruelles et d'impasses étroites, sombres, humides, jetées comme à l'aventure. Çà et là apparaissait un bras de canal presque à sec, un étang bourbeux où les femmes venaient puiser l'eau du ménage et les bestiaux s'abreuver; puis une grande place, irrégulière, ombragée d'acacias et de sycomores, où deux ou trois fois par mois les paysans de la banlieue venaient tenir leurs marchés animés et bruyants. Le château du prince ou du gouverneur, les palais des riches particuliers ne présentaient sur la rue que de longs murs nus, aveugles et blancs, crénelés comme ceux d'une forteresse.

Les maisons bourgeoises étaient petites, construites en briques, tantôt cuites au feu, tantôt simplement séchées au soleil. Un petit nombre avaient deux ou trois étages ; toutes avaient une terrasse, où les Égyptiennes vaquaient aux soins du ménage ou bavardaient avec les voisines. Point de cheminée : la fumée s'échappait par un trou fait à la voûte.

La décoration des chambres était plus que sommaire. D'ordinaire le crépi de boue en faisait tous les frais ; parfois on le blanchissait à la chaux, on le barbouillait de rouge ou de jaune et l'on y représentait des provisions, des jarres, des scènes d'intérieur. Les lits étaient remplacés par des nattes sur lesquelles on couchait tout habillé : l'été, ces nattes étaient montées à la terrasse et l'on dormait en plein air. Le mobilier, peu riche en général, était représenté par un ou deux sièges grossiers en pierre, quelques chaises ou tabourets, des coffres pour le linge, des pots à parfum en albâtre ou en pierre vernissée, quelque vaisselle en bronze ou en argile.

Les bourgs et les villages, où s'entassait la population rurale, avaient de loin bonne mine avec leurs palmiers, leurs sycomores, et les maisons blanchies au lait de chaux. Vus de près, ils étaient, comme ils le sont aujourd'hui, sales et misérables. A part une demi-douzaine de maisons assez bien construites pour les opulents de la localité, ce n'était qu'un hideux amas, ressemblant à des ruines, de chaumières en briques sèches ou en pisé, souvent en boue simplement, si basses, qu'un homme ne pouvait presque s'y tenir debout.

Les mœurs. — Les Égyptiens étaient sobres, laborieux, respectueux envers la vieillesse, doux envers les esclaves. Ils aimaient les plaisirs de la société, la conversation, la musique, les jeux, le chant surtout. Comme aujourd'hui encore, l'artisan et le campagnard aimaient à s'entraîner à leur rude labeur par une complainte, une chanson rustique, ou quelques courtes phrases cadencées, revenant toujours les mêmes. Le fond du caractère de l'homme du peuple était l'insouciance, une sorte de résignation stoïque : le malheureux, que l'agent du fisc venait d'assommer à moitié à coups de bâton, pour lui faire livrer son grain, reprenait, aussitôt son bourreau parti et sans lui garder rancune, son travail et sa chanson.

Les Égyptiens étaient fort superstitieux : pour se défendre contre le destin ou les mauvais génies, ils avaient recours à toutes sortes de pratiques de magie, de sorcellerie ou d'astrologie. Leur médecine se ressentait de ces superstitions ; une bonne ordonnance de médecin avait toujours deux parties : une formule magique et une formule médicale.

Les funérailles, au moins pour les gens de qualité, avaient certaines particularités curieuses. Dès que le malade avait rendu le dernier soupir, les femmes de la famille, la tête et la figure souillées de fange, sortaient accompagnées de leurs connaissances et de leurs amies et parcouraient la ville dans une course désordonnée, jetant des cris de douleur, se frappant la poitrine ; puis elles revenaient autour du cadavre entonnant des chants plaintifs, que coupaient des sanglots et des lamentations, ressemblant parfois à de véritables hurlements. Et cela sans interruption pendant plusieurs jours. Très souvent le concert funèbre était dirigé par des pleureuses à gages.

Lettres et sciences. — Les *lettres* furent cultivées avec soin par les Égyptiens ; des rois eux-mêmes s'honorèrent du titre d'auteur. Tous les genres furent traités, jusqu'au roman, qui eut toujours, il est vrai, chez eux un caractère religieux. Les Pharaons de la période memphite elle-même avaient une bibliothèque écrite sur papyrus assez importante. On avait dès lors des livres sur la religion, la philosophie, l'histoire, l'astronomie, la géométrie, la médecine, les mathématiques.

Les *sciences* allaient donc de pair avec les lettres. La géométrie était particulièrement nécessaire aux Égyptiens pour élever leurs gigantesques constructions et pour rétablir les cadastres après chaque inondation du Nil.

Les arts. — Les Égyptiens connurent, et très bien, les arts industriels. Leur industrie portait non seulement

Bijoux égyptiens.

sur les articles communs nécessaires à la vie, mais encore sur les articles de luxe, articles d'ébénisterie, d'orfèvrerie, de teinture riche, porcelaines, verres, émaux; elle a laissé des œuvres d'une perfetcion incroyable, comme on peut le voir au musée de Gizeh, près du Caire, ou au musée du Louvre; mais ce qui rendra à jamais célèbres les Égyptiens, ce sont les prodigieux chefs-d'œuvre de leur architecture et de leur sculpture.

L'époque la plus brillante de l'architecture égyptienne est la plus ancienne, la période memphite, qui est l'époque des Pyramides. Une foule de pyramides s'élevèrent du commencement de la 4e dynastie à la fin de la 14e : non seulement chaque Pharaon, mais chaque prince, chaque princesse, voulait avoir la sienne pour tombeau. Ces monuments formèrent à l'ouest de Memphis, sur la rive gauche du Nil, comme une longue chaîne dentelée se perdant au nord et au sud dans les lointains de l'horizon.

Les pyramides les plus connues sont les trois grandes Pyramides construites à une faible distance de Memphis, sur le plateau aride de Gizeh, par les rois Khéops, Khéphren et Mykérinus. De tout temps, leurs dimensions colossales ont frappé d'étonnement l'étranger, les deux premières du moins, celles de Khéops et de Khéphren, s'élevant, l'une autrefois à cent quarante-cinq mètres, maintenant à cent trente-trois; l'autre à cent trente-trois mètres, maintenant à cent trente et un.

Les grandes Pyramides ne sont pas seulement des constructions gigantesques : on doit encore voir en elles de véritables œuvres d'art. L'effet est dans la grandeur et la simplicité des formes, dans le contraste et la disproportion entre la stature de l'homme et l'immensité de l'ouvrage qui est sorti de sa main : l'œil ne peut le saisir, la pensée même a de la peine à l'embrasser...

Les travaux de l'intérieur révèlent une perfection déconcertante. Couloirs, galeries, chambre funéraire, qui devaient à jamais rester ensevelis dans les ténèbres après avoir reçu la momie du Pharaon, sont d'une exquise exécution. Le mortier ne paraît nulle part ; les blocs sont si bien ajustés que la suture échappe à l'œil et qu'on ne pourrait, disent les indigènes, y loger un cheveu. Le tout a été équilibré avec une science si achevée que, malgré un tremblement de terre qui a secoué le plateau de Gizeh, aucune pierre ne s'est affaissée sous les millions de kilogrammes qu'elle supporte, aucune fissure ne s'est produite.

Les œuvres de sculpture remontant à la même époque sont d'une perfection égale. Les statues égyptiennes n'offraient pas la diversité de gestes, d'expressions et d'attitudes qui plaisent tant dans l'art grec. Pour les juger, il faut se souvenir qu'on leur demandait non de réaliser un type idéal de beauté, mais seulement de reproduire fidèlement les traits de l'individu dont elles devaient orner le tombeau. Cette observation faite, il faut reconnaître qu'un certain nombre de statues memphites, celles de Khéops, de Khéphren (p. 119), du scribe accroupi, du chef de corvées (p. 112), de la dame Nôfrît (p. 118), par exemple, sont d'un art consommé.

La gloire artistique de la période memphite fut, peu s'en faut, égalée par celle de la période thébaine, dont les œuvres sont même plus audacieuses, mais n'ont plus la même harmonieuse unité ni la même simplicité majestueuse. Des dynasties de la période thébaine, les plus actives dans les arts furent les trois dynasties conquérantes (18e, 19e et 20e), celles des Thoutmès, des Séti, des Ramsès ; et leurs plus remarquables constructions furent celles dont ils embellirent leur capitale, Thèbes, la ville aux cent portes.

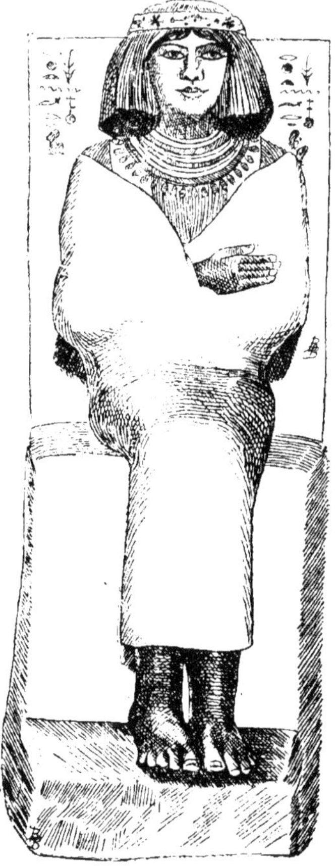

La Nôfrit, dame du Meîdoun
(musée de Gizeh).

De l'opulente Thèbes, que remplacent aujourd'hui quatre localités misérables, Louxor et Karnak sur la rive droite du Nil, Gournah et Médinet-Habou sur la rive gauche, il reste les ruines les plus majestueuses, les plus éloquentes que possède l'univers. Jamais voyageur n'a rencontré sur son chemin des reliques du passé comparables aux restes des temples d'Ammon à Louxor et à Karnak.

Le temple de Louxor fut bâti sur les bords du Nil. Œuvre des 18e et 19e dynasties, il dut ses parties les plus remarquables à Séti Ier et à son fils Ramsès II. A force d'ajouter aux travaux de leurs devanciers, ces deux Pharaons finirent par faire un temple long de deux cent cinquante-six mètres. Séti traça une avenue de colonnes géantes qui, vues du Nil, présentent la plus fière allure. A cette avenue, Ramsès II donna comme vestibule une vaste cour où s'étalent sur une double rangée soixante-quatorze colonnes. Devant cette cour, il mit un pylône ou porte colossale, aux murs cyclopéens, sur lesquels il grava ses victoires; puis, devant cette porte, il dressa,

Khéphren : statue en diorite du musée de Gizeh.

outre six statues de lui-même, hautes de quarante-cinq pieds, deux superbes obélisques, dont l'un, au grand désespoir des archéologues, est venu fournir une décoration hétéroclite à la place de la Concorde à Paris.

Quelque majestueux que fût le temple de Louxor, il

La grande cour du temple de Louxor inondée. (Photographie de M. Beato, à Louxor.)

pâlissait devant celui de Karnak. Les deux temples, distants d'environ une lieue, étaient reliés par une voie triomphale, le long de laquelle se tenaient accroupis d'énormes sphinx et béliers, dissimulés aujourd'hui sous les masures modernes ou sous les sables, plusieurs cependant visibles. Dix-huit dynasties travaillèrent à la construction du temple d'Ammon, *le trône de l'univers*. Tant de travaux aboutirent à un édifice qui atteignit mille quatre cents pieds : il faut dire que le temple était aussi un palais. Qu'on juge de ses dimensions par ce fait que la seule salle hypostyle, qui en est un cinquième, contiendrait à l'aise Notre-Dame de Paris.

Cette salle hypostyle, ou des colonnes, est une des œuvres les plus étonnantes qui soient sorties de la main de l'homme. Cent trente-quatre colonnes s'y pressent sur seize rangées. Douze ont avec leurs chapiteaux quatre-vingts pieds de haut. Leur circonférence est de trente-trois pieds, de sorte que cinq hommes auraient de la peine à les embrasser. Impossible, pour celui qui n'a vu cet amoncellement régularisé de géants, de s'en faire une idée ; impossible, pour celui qui l'a vu, de rendre son émotion. « L'imagination, disait Champollion le jeune, s'arrête et tombe impuissante au pied des cent trente-quatre colonnes de la salle de Karnak. »

Au delà de la salle hypostyle, se dresse, à près de cent pieds de haut, l'obélisque de la reine Hatasou, le plus élevé de l'Égypte, le plus élevé du monde étant celui de la place Saint-Pierre, à Rome, qui a cent cinq pieds.

Moins imposants, les monuments élevés sur la rive gauche du Nil n'en étaient pas moins fort remarquables. A Gournah, se voyaient le splendide palais élevé par Séti Ier et dit palais de Gournah, le Ramesséum ou palais de Ramsès II, et un colosse, aujourd'hui en pièces, de dix-sept mètres de haut, représentant Ramsès II assis sur son trône ; enfin deux colosses de vingt mètres de haut, dont l'un est devenu célèbre sous le nom de *colosse de Memnon*.

A Médinet-Habou est un palais construit par Ramsès III, dont il reste encore de très belles ruines.

Mais la curiosité la plus considérable de la rive gauche est la célèbre *vallée des Rois*, nécropole des Pharaons de la 19e dynastie, située en pleine montagne. C'est une affreuse solitude, morne, desséchée, morte, peuplée uniquement de loups, d'aigles, de vautours et de chats-huants, sans autre communication avec la plaine que d'étroits sentiers suspendus au-dessus des abîmes, avant que les ingénieurs, au début de la 19e dynastie, eussent ouvert un passage dans la roche vive. Une foule de tombes royales y furent creusées. Une dizaine offrent le plus haut intérêt. Une des plus belles est celle de Séti Ier, trouée immense qui s'enfonce à cent mètres dans les flancs des roches. Les parois, couvertes de sculptures d'une grande finesse et de peintures d'une étonnante fraîcheur, représentent les voyages de l'âme après la mort, ses épreuves, son jugement, sa réception parmi les mânes, enfin son apothéose.

C'est dans la vallée des Rois qu'on a retrouvé, en 1886, l'hypogée de Ramsès II, renfermant la momie du Pharaon admirablement conservée.

Nous n'avons parlé que de Thèbes, et bien incomplètement. Mais ce n'est pas Thèbes seulement, c'est l'Égypte tout entière que les Pharaons des dynasties conquérantes avaient couverte de leurs monuments. On comprend que la vue de tant de merveilles, qu'ils purent contempler dans tout leur éclat, ait vivement frappé l'imagination des Grecs. Aussi regardèrent-ils l'Égypte comme la mère des sciences. Ils en firent l'inspiratrice des Lycurgue, des Solon, des Pythagore, des Platon et autres hommes célèbres de l'antiquité.

RÉSUMÉ

Les lettres sont cultivées avec soin par les Égyptiens, les sciences aussi, en particulier l'astronomie et la géométrie. Mais ce furent surtout les arts, architecture et sculpture, qui produisirent des œuvres immortelles, dans la période memphite, sous la 4e dynastie, dans la période thébaine, sous les 18e, 19e et 20e dynasties.

ASSYRIE ET BABYLONIE

CHAPITRE I

I. — Aperçu général.

La région du Tigre et de l'Euphrate, où s'élevèrent
les puissants empires de Ninive et de Babylone, est une
plaine immense aux limites assez mal définies. Bornée
au nord par le Taurus, à l'est par le plateau de l'Iran,
au sud par le golfe Persique, à l'ouest elle expire dans
les sables du désert, en face de la Syrie et de l'Arabie.
Ce qui la caractérise et lui donne toute son importance,
ce sont les deux grands fleuves qui la parcourent dans
toute son étendue, l'Euphrate et le Tigre.

Nés tous deux dans les hautes cimes de l'Arménie, bien
qu'à des latitudes différentes, puisque l'Euphrate a
quelque six cents kilomètres de plus que son rival, les
deux fleuves présentent cette particularité remarquable
que, torrents impétueux dans la région des montagnes,
ils deviennent subitement navigables dès qu'ils touchent
la plaine : l'Euphrate à Suméisat, ancienne Samosate ;
le Tigre à Diarbékir, autrefois Amida.

Sorti maigre de la montagne, le Tigre est grossi rapidement par de riches affluents qui lui viennent de la

Médie et de la Perse, et il va droit à la mer. L'Euphrate, au contraire, qui est déjà une forte rivière quand le Tigre n'est qu'un torrent, promène si paresseusement ses eaux dans les sables du désert en faisant un immense détour, il se laisse saigner par tant de canaux, qu'à sa jonction avec le Tigre, il lui est pour le débit sensiblement inférieur.

Les deux fleuves s'unissent aujourd'hui pour former le Shat-el-Arab, qui se jette dans le golfe Persique. Dans l'antiquité leurs embouchures étaient distinctes, et ils se jetaient dans la mer à vingt lieues environ l'un de l'autre. Toute la partie inférieure de la vallée a été créée par les alluvions des fleuves.

II. — Divisions de la région du Tigre et de l'Euphrate.

On distinguait dans le bassin du Tigre et de l'Euphrate la Mésopotamie, la Babylonie, l'Assyrie et la Susiane.

1° La **Mésopotamie** était la partie supérieure de la plaine qui s'étend entre les deux fleuves. Il pleut rarement dans ce pays, et les chaleurs y sont excessives en été; toutefois, grâce à de nombreux travaux d'irrigation, la fertilité y est extraordinaire.

2° La **Babylonie** était la partie inférieure de cette même plaine. Sa fertilité était plus prodigieuse encore que celle de la Mésopotamie, malgré le soleil brûlant en été. Les arbres à fruit, figuier, pommier, palmier, amandier, noyer, abricotier, pistachier, vigne, partout mariés aux arbres d'ornement, platane, cyprès, tamarisque, acacia, formaient comme un immense verger allant, ininterrompu, du plateau de la Mésopotamie au littoral du golfe Persique.

Les céréales y rendaient habituellement deux cents, quelquefois trois cents pour un. Les feuilles du blé et de l'orge y étaient larges de quatre doigts. L'huile extraite du sésame remplaçait l'huile d'olive. Le palmier offrait des ressources infiniment précieuses; on en tirait du pain, du vin, du vinaigre, du miel, des gâteaux et toute espèce de tissus ; les forgerons se servaient de ses noyaux en guise de charbon ; ces mêmes noyaux, concassés et macérés, étaient employés à la nourriture des bœufs et des moutons qu'on engraissait. Le poisson abondait, surtout dans le bas Euphrate.

Une chose manquait, la pierre : on n'y trouve ni calcaire compact, ni marbre, ni basalte, ni granit. Les architectes chaldéens furent obligés de se contenter de la brique, nuisible à la solidité des œuvres.

3° **L'Assyrie** s'étendait sur les deux rives du haut Tigre jusque dans le voisinage des montagnes de l'Arménie et de la Médie. Plate et uniforme au sud et à l'ouest, montueuse et fort accidentée au nord et à l'est, elle n'avait ni la sérénité perpétuelle du ciel de Mésopotamie, ni ses chaleurs étouffantes, ni la richesse constante de son sol. En hiver, la pluie, la neige étaient fréquentes ; en été, elle était exposée à de violents orages, à la grêle, à des ondées impétueuses. Le terrain, ici très fertile, était ailleurs maigre, stérile, rocheux.

4° La **Susiane**, ou pays de l'*Élam*, était située au sud de l'Assyrie, dont la séparait le Gyndès, affluent du Tigre. Son sol était aussi fertile que celui de la Babylonie, et de plus elle possédait de riches forêts.

RÉSUMÉ

La région du Tigre et de l'Euphrate, arrosée par deux grands fleuves, sortant tous deux des montagnes de l'Arménie, et ayant dans l'antiquité des embouchures distinctes dans le golfe Persique, se divisait en quatre contrées : *Mésopotamie, Babylonie, Assyrie et Susiane.* Fort riche dans la Mésopotamie, la Babylonie et la Susiane, le sol était plus accidenté et moins fertile dans l'Assyrie, qu'habitèrent aussi des populations plus rudes et plus guerrières.

4*

CHAPITRE II

ORIGINES DE L'ASSYRIE ET DE LA CHALDÉE

SOMMAIRE

I. ORIGINES FABULEUSES. — Ninus. — Sémiramis.
II. ORIGINES HISTORIQUES. — Nemrod à Babylone. — Assur à
Ninive. — Organisation primitive de la Babylonie ou Chaldée.
— Organisation primitive de l'Assyrie. — Formation de l'empire assyrien.

I. — Origines fabuleuses.

Ninus. Sémiramis. — L'histoire des origines assyriennes et babyloniennes a seulement de nos jours commencé à se dépouiller des légendes dont l'avaient entourée le médecin grec Ctésias, qui avait vécu à la cour d'Artaxercès Memnon, et à sa suite Diodore de Sicile, qui n'a guère fait que le copier. Nous reproduisons ces légendes, parce qu'elles sont devenues en quelque sorte classiques. Voici le récit de Diodore.

Le premier roi dont l'histoire fasse mention en Asie fut Ninus, roi d'Assyrie. Dans l'espace de dix-sept années, il fit la conquête de tous les pays compris entre la mer Méditerranée et le fleuve Indus. Il construisit alors sur les bords de l'Euphrate une ville qu'il appela Ninive. Il fit ensuite une expédition en Bactriane à la tête d'une armée d'un million sept cent mille fantassins, de deux cent mille cavaliers, de dix mille six cents chariots armés de faux. Au siège de Bactres, il remarqua, à cause de son courage, la femme d'un de ses officiers, qui s'appelait Sémiramis. Il l'épousa, et elle lui succéda, bien qu'il en eût un fils, appelé Ninyas.

Sémiramis fit encore de plus grandes choses que Ninus. Non contente d'assurer ses conquêtes, elle soumit à son pouvoir la Syrie, la Phénicie, l'île de Chypre

dans la mer Méditerranée, l'Égypte et une partie de
l'Éthiopie. Elle construisit Babylone avec ses murailles,
ses palais, ses quais, son pont; un tunnel sous l'Euphrate, et même un grand réservoir destiné à contenir
le surplus des eaux du fleuve. Toutes sortes de travaux,
des routes, des tertres élevés pour former des tombeaux
ou pour servir de fondements à des villes, furent l'œuvre
de Sémiramis. Puis elle disparut à la suite d'une expédition malheureuse qu'elle fit contre l'Inde.

Ninyas lui succéda et s'abandonna à une indigne
mollesse. Tous ses successeurs pendant trente générations
suivirent le même exemple jusqu'à Sardanapale.

Sardanapale porta aux dernières limites la folie de la
molle volupté. Vivant au milieu des femmes, il était
habillé en femme, filait, maniait la quenouille comme
une femme. Deux des princes tributaires, Arbacès le
Mède et Bélésis de Babylone, le virent ainsi occupé. Ils
en rougirent de honte et de colère, et prirent les armes
pour renverser l'indigne monarque. L'imminence du
danger réveilla en Sardanapale les qualités guerrières de
sa race. Il se mit à la tête de l'armée et battit les rebelles.
Il allait les achever, quand les troupes qui arrivaient de
Bactriane à son secours passèrent à l'ennemi. Réduit à
s'enfermer dans Ninive, il y résista deux ans.

La troisième année, le Tigre, gonflé par les pluies,
renversa une partie des murailles. Sardanapale se rappela alors qu'un oracle lui avait garanti la victoire jusqu'au jour où le fleuve se tournerait contre lui. Pour ne
pas tomber vivant aux mains de ses sujets, il se brûla
dans son palais avec ses femmes et ses trésors. On lui
éleva un tombeau dans la pyramide d'un des grands
temples de Ninive, et sur ce tombeau on grava une
épitaphe digne de lui : « J'ai régné: et tant que j'ai
vu la lumière du soleil, j'ai bu, j'ai mangé, j'ai aimé,
sachant combien il est court le temps que vivent les
hommes. »

Ninus, Sémiramis, Ninyas, Sardanapale, sont des
personnages fabuleux. Il est certain aujourd'hui qu'aucun d'eux n'a existé.

II. — Origines historiques.

1° **Babylone** n'est autre que la fameuse *Babel*, où s'opéra la confusion des langues qui amena la dispersion des hommes. Malgré cette dispersion, il resta dans le pays un noyau de population très considérable de races mélangées, mais où dominait l'élément *chamite*. Il y eut ainsi sur le cours du bas Euphrate un État dont *Nemrod*, fils de Kousch, fut le chef. Nemrod fixa sa résidence à Babel (*Babel-Ilou*, Babylone), qu'il agrandit et embellit de manière qu'il peut mériter de passer pour son fondateur.

Le puissant chasseur resta célèbre dans le souvenir des peuples. Aujourd'hui encore l'imagination populaire, au pays de sa gloire, attache son nom à toutes les ruines importantes de la Chaldée. C'est ainsi que la tour de Babel, dont on a retrouvé les ruines sur l'emplacement de Babylone, est appelée par les habitants du pays *Birs-Nimroud*, tour de Nemrod.

2° **L'Assyrie** dut son nom et son origine à *Assur*, nom générique désignant les descendants d'*Assur*, fils de Sem, qui, parti de la Chaldée, se fixa sur les ruines du haut Tigre, et y fonda Ninive, Chalé et Resen. Après la dispersion des hommes, les *Sémites* étaient donc restés nombreux en Babylonie. Tous n'émigrèrent point sur le haut Tigre; il resta à Babylone un puissant élément *sémitique* qui finit au bout de plusieurs siècles par y prendre le dessus et par dominer de telle façon, qu'à Babylone et à Ninive on parla la même langue, on eut la même civilisation, le même culte.

Organisation primitive de la Babylonie. — Le pays fut longtemps partagé entre plusieurs petits chefs dont les villes s'appelaient *Our, Népour, Agané, Babel* ou Babylone. La plus célèbre de ces villes est Babylone; mais la plus importante alors était sans contredit Our (Ur), la patrie d'Abraham. Située sur la rive droite de l'Euphrate, à quelque distance du golfe Persique, Our était le grand entrepôt du commerce mari-

time de ces premiers temps; ses vaisseaux allaient au
loin, jusque dans la mer des Indes.

De ces anciens rois de la Chaldée, un des plus remarquables fut *Sargon I*er. Ce Sargon se donne une origine
assez curieuse dans une inscription relevée sur une
statue qui lui fut élevée à Agané, sa capitale : « Sargon,
le roi puissant, c'est moi; ma mère me mit au monde
dans un lieu secret, au bord de l'Euphrate. Elle me
déposa dans une corbeille de joncs dont elle ferma le
couvercle avec du bitume, et me jeta ainsi au fleuve. La
rivière m'entraîna vers Akki, le tireur d'eau, qui
m'éleva comme son fils. La déesse Istar me fit prospérer,
et je m'emparai du pouvoir royal. »

On rapporte à cette époque primitive la construction
de temples de proportions gigantesques. Les débris du
plus grand d'entre eux, celui d'Ourouk, forment un
monticule d'environ soixante-dix mètres de côté et trente-
cinq de haut; près de trente millions de briques ont dû
entrer dans la maçonnerie.

Un roi de Babylone se vante aussi d'avoir fait creuser
en Chaldée un canal qui porta son nom : « J'ai fait construire le canal Hamourabi, la bénédiction des hommes
de Babylonie. J'ai changé les plaines désertes en terres
arrosées. Je leur ai donné la fertilité et l'abondance. J'en
ai fait une demeure de bonheur. »

Organisation primitive de l'Assyrie. — L'Assyrie, à l'origine, eut une organisation semblable à celle
de la Chaldée. Le pays d'Assur était partagé entre plusieurs villes : Elassar, Chalé, Resen, et la citadelle de
Ninive. Toutes situées sur le Tigre ou dans son voisinage, ces villes, comme celles de Babylonie, furent gouvernées par des prêtres-rois.

Formation de l'empire assyrien. — De même
que Babylone en Chaldée finit par dominer toutes les villes
du bas Euphrate, ainsi Ninive, sur le haut Tigre, parvint à imposer sa suzeraineté à toutes les villes d'Assyrie.
Mais Ninive elle-même dut se reconnaître d'abord vassale de Babylone, puis de l'Égypte, dont les Pharaons de
la 18e dynastie, Thoutmès III en particulier, lui firent

payer le tribut. Délivrée du joug égyptien sous la 19ᵉ dynastie, l'Assyrie secoua également le joug de la Chaldée. Bientôt même les désordres dont la Chaldée était le théâtre lui fournirent l'occasion d'intervenir dans les affaires intérieures de Babylone, sous prétexte de lui fournir du secours. Ce fut pour l'asservir. Cet événement, qui se passa vers 1270, marque la formation définitive de l'empire assyrien, qui, ayant déjà absorbé les petits États de la Mésopotamie, s'étendit de l'Arménie au golfe Persique.

RÉSUMÉ

Les Grecs attribuaient la fondation de Ninive à Ninus; celle de Babylone à sa femme Sémiramis. En réalité, Babylone fut fondée par *Nemrod*, fils de Kousch et petit-fils de Cham, et Ninive par une colonie de Sémites venus de Babylone. L'élément sémite finit par absorber l'élément chamite en Chaldée comme en Assyrie.

La Chaldée ou Babylonie fut d'abord divisée en plusieurs principautés indépendantes, capitales Our, Agané, Népour, Babylone. De même l'Assyrie, où l'on voyait Ninive, Elassar, Chalé, Resen. Babylone finit par dominer ses voisines en Chaldée, et Ninive fit de même en Assyrie. D'abord vassale de la Chaldée, l'Assyrie non seulement recouvra sa liberté, mais encore imposa sa suprématie à son ancienne suzeraine. La chose arriva vers 1270. L'empire assyrien s'étendit alors des montagnes de l'Arménie au golfe Persique.

CHAPITRE III

L'EMPIRE ASSYRIEN (1270-625)

SOMMAIRE

I. PROSPÉRITÉ ET DÉCADENCE (1270-759). — Guerres victorieuses. — Décadence.

II. RELÈVEMENT DE L'EMPIRE ASSYRIEN (745). — Téglathphalasar II (745-727). — Salmanasar IV (727-722).

III. APOGÉE DE L'EMPIRE ASSYRIEN SOUS LES SARGONIDES (722-625). — Sargon (722-705). — Sennachérib (705-681). — Assarhadon (681-668). — Assourbanipal (668-?).

IV. CHUTE DE NINIVE (625).

L'empire assyrien s'élevait ainsi au moment où l'empire des Pharaons avait vécu presque entièrement ses deux plus belles périodes : période memphite et période thébaine. Lui-même devait vivre seulement six cent quarante-cinq ans (1270-625). Cette courte existence, après une grande prospérité, subit vers 759 une décadence si marquée, qu'elle parut à plusieurs une agonie. Relevé en 745, il monta rapidement à son apogée avec les Sargonides, mais pour tomber subitement au bout d'un siècle, sous les coups des Mèdes et des Babyloniens.

I. — Prospérité et décadence (1270-759).

Guerres victorieuses des rois assyriens. — Vaincue et prise par l'Assyrie, Babylone n'accepta jamais le joug. Les siècles qui suivirent la conquête de la Chaldée ne présentent que révoltes et que répressions sanglantes. S'ils ne réussirent point à reconquérir leur indépendance, les Chaldéens eurent plus d'un succès qui humilia profondément leurs vainqueurs.

Aux guerres contre Babylone, toujours prête à se soulever, se mêlent d'autres expéditions nombreuses dans les plaines de la Mésopotamie, dans les montagnes de l'Arménie, dans la Susiane, dans l'Asie Mineure, dans la Syrie et jusqu'en Égypte. Thèbes elle-même vit le soldat assyrien et fut pillée. L'empire assyrien alla du golfe Persique à la Méditerranée, et des rives de l'Euphrate aux montagnes de la Médie.

Décadence de l'Assyrie (759). — Épuisée par ses expéditions lointaines, sans proportion avec les vraies ressources de l'empire, l'Assyrie tomba subitement dans une décadence profonde. Sa léthargie fut telle que les anciens la prirent pour une mort véritable et qu'ils crurent sincèrement à une première chute de Ninive sous les coups des Mèdes et des Babyloniens, qui serait arrivée dès 759, pendant le règne honteux de Sardanapale. L'histoire de cette chute n'est qu'un roman; mais les monuments prouvent que l'empire assyrien était alors tombé si bas, qu'il n'avait plus conservé aucune de ses conquêtes, et que ses rois menaient la vie de nos rois fainéants.

II. — Relèvement de l'empire assyrien (745).

Téglathphalasar II (745-727), mis sur le trône par une révolution, refit la fortune de l'Assyrie. Il imposa son autorité à Babylone, soumit les principautés indépendantes au sud de Babylone jusqu'à la mer, triompha des rois de Syrie coalisés, fit des razzias fructueuses dans la Médie, accourut à l'appel d'Achaz, roi de Juda, menacé par Phacée, roi d'Israël, et Rasin, roi de Damas; démembra le royaume d'Israël, désormais réduit à Samarie; imposa son tribut aux Philistins, assiégea Rasin dans Damas, qui fut prise; tua Rasin et réduisit la contrée en province assyrienne. Avant de s'éloigner, Téglathphalasar convoqua ses vassaux (732), et vingt-cinq rois répondirent à son appel. Achaz, roi de Juda, vint comme les autres apporter son tribut et remercier son libérateur.

Téglathphalasar mourut en paix à Chalé, après dix-huit ans d'un des règnes les plus glorieux et les mieux remplis dont parle l'histoire de son pays (727).

Salmanasar IV (727-722), son successeur, était contemporain du fameux Sabacon, roi d'Égypte. Menacés par les Assyriens, les Phéniciens, les Juifs et les Philistins appelèrent à leur secours Sabacon. Salmanasar, après avoir jeté dans un cachot Osée, roi d'Israël, alla assiéger Samarie. Il ne put la prendre, appelé ailleurs par la révolte de Tyr. Il entoura les deux villes d'un blocus qui dura deux ans, et où il usa les forces de son royaume avec le reste de sa vie. Il disparut d'une manière mystérieuse, sans laisser d'enfants, et Sargon, l'un des grands officiers de la couronne, lui succéda (722).

III. — Apogée de l'empire assyrien sous les Sargonides (722-625).

Les Sargonides fournirent une dynastie glorieuse, mais dont la durée ne fut pas longue : un siècle à peine. Usés par leurs propres victoires dans leurs expéditions interminables contre Babylone, la Syrie, l'Égypte, l'Élam, l'Arménie, ils s'écroulèrent tout à coup devant une puissance nouvelle qui avait grandi dans l'ombre, la puissance des Mèdes et des Perses.

Les Sargonides connus sont : Sargon (722-705), *Sennachérib* (705-681), *Assarhadon* (681-668), *Assourbanipal* (668).

Sargon (722-705). — Sargon continue le siège de Samarie, commencé par son prédécesseur; il emporte la ville et met fin au royaume d'Israël (720). Il défait ensuite à *Raphia* le roi d'Égypte Sabacon et son allié Hannon, roi de Gaza (718). Hannon fut pris; Sabacon ne dut son salut qu'à un berger philistin qui le conduisit à travers le

Sargon.

désert. Toute la Syrie, sauf Tyr, était domptée.

Après plusieurs courses heureuses dans la Médie et dans l'Arménie, Sargon se tourna vers la Chaldée, contre *Mérodach-Baladan*, roi de Babylone, révolté. Babylone fut prise; Mérodach, effrayé, prit la fuite.

Atteint sur les bords du golfe Persique, il fut complètement battu (700), et disparut. « Il quitta son sceptre et son trône en présence de mon envoyé, il baisa la terre. Il abandonna ses châteaux, et il s'enfuit, et l'on ne vit plus ses traces. » Sargon se fit proclamer à Babylone roi de Chaldée.

Deux échecs assombrirent les derniers jours de ce règne glorieux. L'Arménie avait reconquis son indépendance, et Sargon ne put la soumettre. Il en fut de même de l'Élam (706). Sargon ne survécut pas longtemps à ces revers. Il fut assassiné (705) dans son palais de Dour-Sharoukin, qu'il achevait de construire, et dont les restes ont été retrouvés à *Khorsabad*. Son règne marque l'apogée de la grandeur assyrienne.

Sennachérib (705-681). — Des troubles et des révoltes suivirent l'assassinat de Sargon. Le vieux Mérodach-Baladan ressaisit le pouvoir à Babylone; les rois de Phénicie se déclarent indépendants; les Philistins les imitent: Ézéchias lui-même, roi de Juda, malgré les conseils pacifiques d'Isaïe, comptant sur le secours de l'Égypte, rompt avec l'Assyrie.

D'abord Sennachérib écrase Mérodach-Baladan, qui se sauve auprès du roi d'Élam. Le vainqueur impose à la Chaldée pour roi le fils d'un devin, qui avait été *nourri dans son palais comme un petit chien*. Au retour, il saccage les tribus du moyen Euphrate, empale leurs chefs, razzie leur bétail, et rentre à Ninive chargé de butin et de gloire.

Il se tourne ensuite contre la Syrie. La Phénicie est vaincue et soumise; les Philistins sont écrasés. Les princes du Delta, accourus au secours de la Palestine, sont défaits à *Altakou* (700). Toutes les forteresses de Juda sont prises et Jérusalem assiégée. La ville fait une résistance désespérée; Ézéchias et son peuple, en habits de deuil, invoquent Jéhovah. Cent quatre-vingt-cinq mille hommes sont tout à coup enlevés par la peste dans le camp assyrien, et Sennachérib s'enfuit presque seul. On ne le revit plus en Palestine.

Il était d'ailleurs retenu en Chaldée par de nouveaux

embarras. Les Élamites ou Susiens avaient pris les armes.
Sennachérib tira d'eux une éclatante vengeance. « Je
détruisis les villes, je les démolis, je les réduisis en
cendres, je les changeai en déserts et en monceaux
de ruines. » Les Babyloniens, de nouveau révoltés,
vinrent au secours des Susiens. Babyloniens et Susiens
furent écrasés dans une grande bataille près de *Kalouli*,
sur le bas Tigre. Babylone fut punie de ses révoltes par
une destruction presque entière.

Sennachérib eut une fin tragique comme Sargon, son
père. Il fut assassiné dans un temple par deux de ses
fils. Son troisième fils, Assarhadon, chassa les meur-
triers et se fit reconnaître roi.

Assarhadon (681-668). — La cinquième année
de son règne, Assarhadon eut à pacifier la Chaldée maritime, de nouveau révoltée avec l'aide des Susiens, et
où un fils de Mérodach-Baladan s'était formé un État.
Il passa ensuite en Phénicie pour châtier Sidon. Cette
ville fut détruite, les grands égorgés, le roi et les habitants déportés en Assyrie.

De la Phénicie, Assarhadon marcha sur Jérusalem,
la prit et emmena le roi Manassé à Babylone ; il lui rendit ensuite la liberté, mais à la condition de payer le
tribut. L'Arabie dut à son tour reconnaître la puissance
assyrienne. Assarhadon lui imposa une reine qui avait
été élevée dans son palais de Ninive.

Vainqueur de tous ses voisins, Assarhadon reprit les
projets de son père Sennachérib sur l'Égypte, projets
qu'avait arrêtés la terrible catastrophe subie par les
armées assyriennes sous les murs de Jérusalem en 700.
Il pénétra par Péluse dans la vallée du Nil, battit et dispersa les Éthiopiens, alors maîtres de l'Égypte, et les
refoula jusque dans leur pays. Memphis ouvrit ses portes,
Thèbes fut pillée. L'Égypte fut divisée en vingt petits
États, qui formèrent une confédération à la tête de laquelle
se trouva Néchao Ier, roi de Saïs. La confédération relevait
de l'Assyrie et payait tribut. De plus, des garnisons assyriennes occupèrent les forteresses du Delta. Assarhadon
put s'intituler roi d'Égypte, de Thèbes et d'Éthiopie (672).

Cette conquête pourtant ne fut pas durable. Trois ans après, les Assyriens furent chassés d'Égypte. Le roi, vieux et malade, abdiqua en faveur de son fils (668), et se retira à Babylone, où il mourut l'année suivante. Babylone devait beaucoup à Assarhadon. Ruinée par Sennachérib, elle avait été relevée par ce prince dès la première année de son règne.

Assarhadon est une des figures les plus sympathiques de l'histoire d'Assyrie. Brave et actif autant que les plus braves et les plus actifs de ses prédécesseurs, il n'avait ni leur dureté contre les sujets ni leur férocité à l'égard des vaincus. S'il fut parfois cruel, il eut l'excuse d'avoir été provoqué.

Assourbanipal (668-?). — **A** peine monté sur le trône, Assourbanipal partit pour soumettre l'Égypte révoltée. Il replaça le Nil sous la suzeraineté de l'Assyrie. Une nouvelle révolte de l'Égypte ne valut à ce malheureux pays que de nouveaux désastres. Thèbes fut livrée à un pillage affreux, et sa population envoyée en esclavage.

L'Égypte pacifiée, Assourbanipal dut courir en Susiane pour comprimer là aussi une révolte. Vaincue, la Susiane subit toutes les horreurs de la cruauté assyrienne ; les généraux furent écorchés vifs, aveuglés ou mutilés.

Les révoltes suivaient les révoltes. Assourbanipal eut bientôt à combattre son propre frère, le vice-roi de Babylone. Le rebelle fut cerné dans Babylone, où la misère devint telle, que les assiégés furent réduits « à manger la chair de leurs fils et de leurs filles ». La ville fut obligée de se rendre. Le vice-roi périt dans les flammes, et le peuple fut traité à merci.

La Chaldée était châtiée. Restait la Susiane, qui avait donné asile à d'illustres fugitifs et ne voulait pas les livrer. Assourbanipal envahit la contrée, prit Suse, où il trouva un butin énorme. Les dieux et les déesses furent emmenés en captivité ; les magnifiques forêts sacrées, où personne n'avait pénétré, furent livrées aux flammes, tout le pays saccagé. Ce qu'on épargna obéit à des gouverneurs assyriens. Le vieil empire de l'Élam disparut de la scène du monde.

De retour à Babylone, Assourbanipal fit atteler à son char de guerre les rois ses vaincus, et ils durent ainsi le traîner jusqu'à la porte du temple où il allait remercier ses dieux. — On ne sait pas quand finit son règne.

IV. — Chute de Ninive (625).

Ninive paraissait plus heureuse, plus forte que jamais ; pourtant sa chute était prochaine. Les guerres incessantes, ses propres victoires l'avaient épuisée. Puis vinrent les Barbares du nord, les Cimmériens (Crimée actuelle) et les Scythes, qui foulèrent son sol dans tous les sens. Elle succomba tout à coup devant la coalition de Cyaxare, roi des Mèdes, et du gouverneur de Babylone révolté, Nabopolassar (625).

Ninive détruite, l'empire d'Assyrie s'écroula : au bout de quelques années il était passé à l'état de légende, et moins de deux siècles après on ne connaissait plus d'une manière certaine le site de la capitale. Les peuples ne pleurèrent point la chute de la grande ville, qui avait fait couler tant de larmes et verser tant de sang.

Les prophètes avaient annoncé sa ruine :

« Le destructeur vient contre toi, ô Ninive ! Assyrien, mets des sentinelles sur le chemin, fortifie tes reins, rassemble le plus de forces que tu pourras. Ce sera en vain. Ninive est pillée, elle est dépouillée de tout, elle est déchirée ; les cœurs sèchent d'effroi, les genoux tremblent, les reins sont pénétrés de douleur ; tous les visages sont noirs et défigurés.

« Où est maintenant cette caverne de lions ? Où est cette caverne où se retiraient le lion, la lionne et leurs petits, sans que personne les y vînt troubler ?

« O roi d'Assur, ta plaie est mortelle ; tous ceux qui ont appris ce qui t'est arrivé ont applaudi à tes maux. »

Deux grands royaumes sortirent des ruines de Ninive : le *chaldéen*, dans les contrées où l'histoire de l'Orient civilisé avait été enfermée jusqu'alors ; le *mède*, dans les régions presque inconnues du nord-est et de l'est, chez les peuples qui commençaient à peine leur histoire.

Cyaxare, roi des Mèdes, se réserva l'Assyrie propre et ses dépendances. *Nabopolassar*, roi de Babylone, joignit à la possession de la Chaldée la suzeraineté sur la Mésopotamie, la Syrie, la Palestine et l'Élam.

RÉSUMÉ

L'empire assyrien, fondé en 1270, acquiert promptement une grande prospérité et promène ses armes en Chaldée, en Mésopotamie, en Susiane, en Asie Mineure, en Arménie, en Syrie et jusqu'en Égypte. Il va du golfe Persique à la Méditerranée et de l'Euphrate aux montagnes de la Médie.

Il subit une forte éclipse vers 759 ; se relève bientôt (745) avec Téglathphalasar II (745-727) et Salmanasar IV (727-722) ; atteint son apogée avec Sargon (722-705), le destructeur du royaume d'Israël (720) ; se maintient glorieux avec Sennachérib (705-581), le vainqueur des Babyloniens (Mérodach-Baladan), des Phéniciens, des princes du Delta, des Susiens, mais le vaincu de l'ange exterminateur sous les murs de Jérusalem (700) ; il se maintient encore avec Assarhadon (681-668), et Assourbanipal, qui, l'un et l'autre, conduisent leurs armées victorieuses jusque dans la haute Égypte ; puis tombe brusquement en 625 sous les coups de Cyaxare, roi des Mèdes, et de Nabopolassar, gouverneur de Babylone. Il est remplacé sur les rives de l'Euphrate par l'empire chaldéen.

CHAPITRE IV

L'EMPIRE CHALDÉEN (625-536)

SOMMAIRE

I. GRANDEUR. — Nabopolassar (625-604). — Nabuchodonosor : ses guerres, ses travaux (604-561).

II. CHUTE. — Balthasar et Cyrus (536).

L'empire chaldéen eut une existence éphémère : pas même la durée d'un siècle. Après une période vraiment remarquable de prospérité qui tient tout entière dans le long règne de Nabuchodonosor, il entra promptement en décadence et s'écroula subitement, comme l'empire assyrien, sous les coups des Mèdes et des Perses.

I. — Grandeur de Babylone.

Nabopolassar (625-604). — Le règne de Nabopolassar ne semble avoir été troublé que par l'entreprise du roi d'Égypte, Néchao, sur l'Assyrie. Néchao, après avoir vaincu à Mageddo (608) Josias, roi de Jérusalem, poussa jusqu'à l'Euphrate, puis revint sur ses pas sans être inquiété : la Syrie échappait aux Babyloniens et appartenait de nouveau à l'Égypte.

Trois ans après, vers 605, Nabopolassar envoya son fils Nabuchodonosor tirer vengeance de Néchao. Le Pharaon n'attendit point son ennemi et vint lui offrir la bataille à *Karkhémis*, sur l'Euphrate. Il fut complètement vaincu, et reprit en hâte le chemin de l'Égypte. Nabuchodonosor se lança sur ses traces; il était arrivé à Péluse, quand la nouvelle de la mort de son père le força à retourner soudain à Babylone.

Nabuchodonosor (604-561). — Le règne de Nabuchodonosor fut long et illustré par de glorieuses guerres ainsi que par de magnifiques travaux. Il batailla toute sa vie contre la Judée, contre la Phénicie et contre l'Égypte. Nous ne connaissons bien que ses expéditions contre Jérusalem.

Dans une première campagne (603) Nabuchodonosor força à rentrer dans le devoir le roi de Juda, Joakim, qui avait voulu secouer sa suzeraineté. Dans une deuxième (599) il pilla les trésors du Temple et emmena prisonnier en Chaldée Jéchonias, jeune homme de dix-huit ans, qui paya ainsi une nouvelle révolte de son père Joakim, mort à temps pour éviter la colère du roi babylonien. Enfin dans une troisième campagne (589-588), provoquée par un troisième soulèvement, Nabuchodonosor, après un siège de treize mois, emporta d'assaut Jérusalem. Les fils du roi Sédécias et les magistrats furent égorgés; Sédécias lui-même eut les yeux crevés, puis fut envoyé à Babylone chargé de chaînes.

La ville fut démolie et brûlée; les soldats, les prêtres, les scribes, les nobles furent transportés en Chaldée : il ne resta plus au pays que le petit peuple des campagnes. Jérémie put s'écrier : « Les chemins de Sion sont en deuil, parce que personne ne vient plus aux fêtes; ses portes sont béantes, ses sacrificateurs sanglotent, ses vierges sont accablées de tristesse, ses enfants vont en captivité par devant l'ennemi. »

Travaux et magnificence de Nabuchodonosor. — Nabuchodonosor est moins connu par ses guerres que par les travaux qu'il fit exécuter à Babylone. Cette ville lui dut les splendeurs dont le souvenir a traversé les siècles.

L'espace occupé par Babylone était immense. Elle était enfermée dans un double mur, percé de cent portes fermées par des battants en bronze, et l'épaisseur du mur était telle, que deux chariots couraient de front sur la crête. Ce double mur fut l'œuvre de Nabuchodonosor.

La grande enceinte de Babylone renfermait un espace de cinq cent treize kilomètres carrés, c'est-à-dire un territoire grand comme le département de la Seine; le second mur entourait une superficie de deux cent quatre-vingt-dix kilomètres carrés, beaucoup plus grande que la superficie de l'immense ville de Londres.

Babylone, contenue dans l'enceinte moyenne, s'étendait à son aise sur les deux rives de l'Euphrate, dont les eaux roulaient au milieu de quais superbes. La ville, sillonnée de rues parfaitement régulières qui se coupaient à angle droit, les unes transversales, les autres s'ouvrant sur le fleuve, resplendissait de tout le luxe, de toutes les richesses dont elle avait dépouillé les malheureuses nations vaincues. Les monuments les plus remarquables étaient :

1° Le *palais du roi*, véritable forteresse et en même temps demeure opulente. Le palais royal était célèbre par ses jardins suspendus, vastes terrasses plantées d'arbres qui s'élevaient les unes au-dessus des autres à l'aide de piliers et de voûtes, et présentaient l'aspect gracieux d'une colline de verdure.

2º Le temple de Bel, fortifié, au centre duquel s'élevait une tour massive de sept étages couronnée par une chapelle spacieuse à laquelle menait une rampe extérieure. Cette chapelle contenait une grande statue de Bel assis, en or, haute de quarante pieds; une large table en or; le trône et les degrés étaient également en or. Cette tour serait la tour de Babel, depuis longtemps en ruines, mais restaurée par Nabuchodonosor.

II. — Chute de Babylone.

Babylone après Nabuchodonosor. — Nabuchodonosor fut réellement un grand roi. Outre les travaux dont nous venons de parler, il veilla activement aux intérêts des autres villes de son empire, répara le fameux canal royal créé 1300 ans auparavant par le roi Hamourabi, fit creuser un lac immense pour servir de réservoir à l'arrosement de la plaine, enfin assura la navigation du golfe Persique par la création, à l'embouchure du fleuve, d'un vaste port à Térédon. Mais l'orgueil le perdit et le conduisit à la démence. Il se crut un dieu, et il voulut que chacun se prosternât devant la statue d'or qu'il s'était élevée à lui-même. Frappé de folie pour cet ordre sacrilège, il fuit la société des hommes, et, imitant les animaux, chercha à se nourrir d'herbes comme eux.

Dieu lui permit de remonter sur le trône avant sa mort; mais son empire ne devait pas lui survivre longtemps. Son fils, *Évilmérodach* (561-560), fut assassiné après moins de deux ans de règne. Quatre princes se succédèrent dans l'espace de vingt ans. Le dernier fut l'impie *Balthasar,* qui fut détrôné et tué par Cyrus, roi des Perses et des Mèdes, la nuit même où il avait profané les vases du Temple de Jérusalem. L'empire babylonien avait cessé d'exister (536 avant Jésus-Christ).

De Babylone il reste aujourd'hui fort peu de chose. Ses ruines se bornent à d'énormes entassements de briques et de terre.

RÉSUMÉ

L'empire chaldéen, d'une durée éphémère (625-536), se résume presque tout entier dans le long et glorieux règne de *Nabuchodonosor* (604-561), qui détruit Jérusalem (588) et embellit prodigieusement Babylone. Vingt-cinq ans après la mort de Nabuchodonosor, Babylone, sous l'impie Balthasar, était prise par **Cyrus**, roi des Perses (536). De cette immense ville il ne reste aujourd'hui que des monceaux d'argile.

CHAPITRE V

LA RELIGION CHALDÉENNE

SOMMAIRE

Les dieux. — Les temples. — Le culte. — Les morts, les tombes et la vie future.

Ninive n'étant au fond qu'une colonie de Babylone, la religion était commune à l'Assyrie et à la Chaldée, ainsi que les coutumes, le gouvernement, la langue, l'écriture et les arts.

Les dieux. — Pour les peuples du Tigre et de l'Euphrate, l'univers était peuplé d'esprits sans nombre, les uns habitant les profondeurs de la terre ou des eaux, les autres volant invisibles au souffle des vents dans l'atmosphère. Il y avait des esprits ou génies bienfaisants ; il y en avait de mauvais.

Le vent du sud-ouest. Musée du Louvre.

Les génies mauvais étaient représentés sous des

traits hideux et menaçants. Rien de curieux comme le type qui personnifiait le désastreux vent du sud-ouest : corps de chien sur deux jambes terminées en serres d'aigle ; deux bras armés de griffes auxquels s'adaptent quatre ailes déployées, masque d'homme aux gros yeux ronds, aux sourcils épais, aux joues décharnées, aux dents formidables, au crâne plat, aux cornes de chèvre, le tout si laid, que le dieu se faisait peur à lui-même.

Le plus souvent, pour représenter les génies mauvais, on mettait sur un corps humain une tête grimaçante d'animal, aigle, chien, lion. Les bons génies, au contraire, étaient représentés avec un corps d'animal surmonté d'une face humaine. Leur plus belle expression étaient ces magnifiques taureaux ailés à face humaine qui veillaient à la porte des temples et des palais.

Génies bons et mauvais, quelle que fût leur puissance vis-à-vis de l'homme pour lui nuire et le protéger, étaient subordonnés à des divinités plus puissantes qui contrebalançaient ou annulaient leur action. Ces divinités, l'imagination populaire les plaça dans les astres. On eut comme dieux *Anou*, le firmament constellé de feux brillants ; *Samar*, le soleil ; *Sin*, la lune ; *Istar* (Vénus), la déesse de la beauté ; *Nébo* (Mercure), le dieu de la science ; *Mérodach* (Jupiter), le dieu de la guerre ; *Nergal* (Mars), le dieu des batailles ; enfin, *Ninip* (Saturne), le dieu de la force, l'Hercule assyrien, qu'on peut reconnaître dans les magnifiques colosses du Louvre, où l'on voit un dieu, à l'aspect terrible, étouffant sous son bras un lion.

Peu à peu, les Chaldéo-Assyriens, sans s'élever à la notion de l'unité divine, arrivèrent à imaginer un dieu qui, par sa majesté et sa puissance, dominait toutes les divinités sidérales et planétaires, une sorte de Jupiter olympien. A Ninive, le grand dieu du pays assyrien fut *Assour*, dont le nom revient à chaque instant dans la bouche des rois. Assour est l'arbitre suprême ; il donne la couronne et la victoire ; il protège les bons et punit les méchants. A Babylone, le grand dieu national fut *Bel*, le seigneur des seigneurs, le véritable *Ilou, dieu*. Bel était représenté sous une figure humaine, aussi imposante que possible, en costume de roi, la tiare munie de cornes de taureau, symbole de puissance.

Hercule assyrien.

Temples. — Assour et Bel avaient des temples non seulement à Ninive et à Babylone, mais dans la plupart des villes. Ces temples étaient d'immenses tours carrées à plusieurs étages, présentant une suite de terrasses en retrait les unes sur les autres et surmontées d'une petite chapelle où se dressait la statue du dieu. Les différents étages étant massifs et pleins, cette chapelle représentait, à proprement parler, tout le temple.

Ainsi les temples chaldéens ne se développaient pas sur de larges surfaces comme ceux d'Égypte, mais ils semblaient s'élever vers le ciel comme des pyramides à degrés gigantesques. Très fortifiés, ils pouvaient en cas de danger servir de refuge à des milliers de personnes, qui trouvaient aisément place sur les vastes terrasses. de leurs multiples étages. Leur forme même, toute en hauteur, en dehors des matériaux de construction, qui étaient presque exclusivement la brique, a fait que ces tours ont disparu complètement ou n'ont laissé en s'éboulant que des ruines méconnaissables.

Culte. — L'imagination des Chaldéo-Assyriens leur représentant le monde comme fourmillant de génies mauvais acharnés à le poursuivre, ils se croyaient tenus d'appeler constamment sur eux la protection des dieux supérieurs. Dans leur pensée, l'avenir de l'homme dépendait de sa fidélité à honorer les dieux. Aussi tremblaient-ils de ne jamais faire assez pour eux. Chaque jour, les autels se chargeaient d'offrandes consistant en dattes, farine de froment, miel, beurre, vins, fruits. Matin et soir, dans les temples, les prêtres offraient des sacrifices. Les victimes ordinaires étaient des bœufs ou des brebis : les jours de fête, leur sang coulait à flots. Une coutume, qu'on ne retrouve presque nulle part ailleurs, voulait qu'aux jours de fête succédassent des jours de deuil, où peuple et grands jeûnaient, faisaient pénitence, pour expier les oublis ou les fautes commis dans le culte envers les dieux.

Dans la molle et voluptueuse Babylone, le culte autorisait certaines pratiques honteuses et sensuelles. Dans la guerrière Ninive, il était plutôt cruel, et le sacrifice de victimes humaines, de malheureux prisonniers de guerre ordinairement, n'avait rien d'insolite.

Mort, tombes et vie future. — On n'embaumait pas les morts comme en Égypte ; cependant ils étaient entourés de soins méticuleux. Pendant que la maison retentissait des lamentations de la famille, des pleureuses lavaient le corps du défunt, le parfumaient, l'habillaient de sa plus belle robe, lui mettaient du fard sur les joues, de la suie sur le tour des yeux, lui passaient au cou un collier, aux doigts des anneaux, puis l'étendaient sur un lit d'apparat, au chevet duquel on posait un petit autel pour les offrandes funéraires, qui étaient de l'eau, de l'encens, des gâteaux. Après être resté exposé quelque temps, le cadavre était descendu dans la tombe,

à moins qu'on ne préférât le faire passer d'abord par
le bûcher.

Les tombes étaient en général de la plus grande simplicité. C'étaient tantôt de petits caveaux voûtés en
briques; tantôt de piètres bâtisses rondes ou ovales, toujours en briques; tantôt, tout uniment, de grandes
jarres en argile où l'on accroupissait le cadavre. Dans

Tombe en forme de double jarre.
(D'après Taylor, *Journal of the royal asiatic Society.*)

la tombe on déposait des jarres et des plats d'argile renfermant la nourriture et la boisson journalière du mort,
du vin, des dattes, du poisson, de la volaille, du gibier.
En outre, si le défunt était un homme, on mettait à côté
de lui ses armes, une lance, une javeline, des flèches,
sa canne d'apparat. Si c'était une femme ou une jeune
fille, on entassait les parures, les bijoux, les fleurs, les
pots à parfums, les peignes, les boîtes de fard.

Ces attentions pour les défunts tenaient moins à un
souvenir respectueux ou attendri qu'à un sentiment de
crainte : on était persuadé que si le mort ne trouvait pas
dans sa tombe ce qui lui était nécessaire pour se nourrir
ou ce qu'il avait aimé pendant sa vie, son esprit, pour
se venger, reviendrait tourmenter les siens, déchaînerait
contre eux les tribulations, et viendrait augmenter le
nombre déjà incalculable des génies malfaisants.

Après avoir passé dans son tombeau un temps plus
ou moins long, le défunt subissait un jugement. S'il
était reconnu pieux envers les dieux, il était admis à
partager leur félicité. « On y apporte, disait un chant
religieux, pour le juste l'eau pure. Anat, la grande
épouse d'Anou, l'a tenu de ses bras sacrés. Iaou l'a
transféré dans un lieu de sainteté. Il l'a transféré au

milieu de miel et de graisse. Il a versé dans sa bouche
l'eau magique. » Sinon, il était livré aux supplices les
plus épouvantables, lèpre, maladies horribles, soif, faim,
froid, et cela pour toujours.

RÉSUMÉ

Les Chaldéo - Assyriens croyaient le monde peuplé de milliers
de génies mauvais ou bienfaisants. Au - dessus des génies étaient
les divinités sidérales et planétaires : *Anou* (le firmament);
Samar (le soleil); *Sin* (la lune); *Istar* (Vénus); *Mérodach* (Jupiter); *Nébo* (Mercure); *Nergal* (Mars), et *Ninip* (Saturne ou
l'Hercule assyrien). Au - dessus de toutes ces divinités étaient à
Ninive *Assour;* à Babylone, *Bel* ou *Ilou.* Les temples étaient de
gigantesques tours pleines à sept ou huit étages, qui servaient à
l'occasion de forteresses. Le culte consistait en une foule d'observances extérieures et de sacrifices; le jeûne, la pénitence
étaient en usage à certains jours. Les morts étaient soigneusement ensevelis dans de modestes tombes, d'où ils allaient dans
une contrée lointaine, ténébreuse, pour y être jugés et récom-
pensés ou punis suivant leurs œuvres.

CHAPITRE VI

LA SOCIÉTÉ ASSYRIO-CHALDÉENNE

SOMMAIRE

Les rois; leurs palais, leur administration. — Les prêtres. —
L'armée. — Le peuple. — Les villes et les habitations. — Les
mœurs.

Les rois. — Le roi, soit en Assyrie, soit en Chaldée,
était un vrai despote, comme l'ont toujours été et le sont
encore les souverains d'Orient. Il ne passait cependant
pas pour un dieu, comme en Égypte : il restait un homme;
mais cet homme réunissait dans ses mains le double
pouvoir spirituel et temporel : on l'appelait le *vicaire
des dieux;* son autorité était, par suite, absolue et sur
les âmes et sur les corps.

Ce qui frappe dans les inscriptions qui sont parvenues
jusqu'à nous, c'est le caractère profondément religieux

des rois. Ils se proclament les vicaires, les serviteurs des dieux. C'est en leur nom qu'ils font la guerre ; c'est devant leurs images qu'ils forcent les vaincus à s'humilier ; c'est à eux qu'ils rapportent leurs victoires, et ils sont toujours leurs humbles adorateurs.

Le roi, en costume de cérémonie, par-dessus une longue robe bordée de franges et richement brodée, mettait une sorte de dalmatique passée obliquement sur une seule épaule et splendidement ornementée. Sur ses cheveux longs et bouclés à l'extrémité se dressait une haute tiare de forme conique ; sa main tenait un long sceptre, presque de hauteur d'homme. Comme pour les souverains asiatiques de nos jours, les insignes extérieurs de son pouvoir, quand il sortait en public, étaient le parasol et les grands chasse-mouches de plumes, portés derrière lui par des esclaves.

Palais des rois. — Les rois habitaient des palais dont l'aspect était celui de véritables forteresses. Ces palais s'élevaient ordinairement sur de vastes plateformes artificielles, soutenues en Assyrie, où la pierre n'était pas rare, par des murs formés de véritables blocs de rocher. On peut se faire une idée de leur forme et de leur étendue d'après les ruines du palais bâti par Sargon, à *Dour-Sharoukin*, le Versailles assyrien, remplacé aujourd'hui par le village de *Khorsabad*, à quatorze kilomètres de Mossoul, autrefois Ninive.

Ce palais ne formait qu'un rez-de-chaussée, haut de dix-huit mètres, y compris les fondations et le parapet des murs ; mais il avait l'immense superficie de dix hectares. Les appartements, voûtés, ne recevaient le jour que par la porte ou par de rares ouvertures percées très haut ; cela pour ménager la fraîcheur. La toiture était remplacée par des coupoles ou des terrasses. Les murs, en briques reliées par de l'argile ou du bitume, atteignaient d'ordinaire quatre à cinq mètres, parfois huit mètres d'épaisseur. A l'intérieur, la brique disparaissait tantôt sous de minces plaques de pierre sculptées en bas-relief, tantôt sous des peintures, très souvent sous de magnifiques briques émaillées reproduisant les dessins les plus

Une porte du Palais de Khorsabad. D'après Victor Place, *Ninive*, t. III, pl. 20.

divers. Les portes, monumentales, étaient ornées de splendides monolithes taillés en taureaux à face humaine, la force qui pense.

Administration. — Les provinces de l'empire se divisaient en deux classes : les provinces administrées directement par les fonctionnaires du roi, et les provinces vassales. Les provinces vassales étaient ordinairement les pays conquis. Ces pays conservaient leur organisation traditionnelle, leurs lois particulières, leur maison royale, sous la condition de l'hommage, du tribut et du contingent de troupes.

Les provinces qui relevaient directement de l'empire étaient gouvernées par des satrapes, nommés et révoqués par le roi et choisis parmi les officiers de la cour. Ils percevaient les impôts, commandaient les garnisons, levaient le contingent annuel de troupes, surveillaient l'administration de la justice. Les principaux auxiliaires des satrapes étaient les scribes, dont le rôle pour l'administration et la société en général n'était pas moins important sur les rives de l'Euphrate que sur celles du Nil.

Les prêtres. — Vicaire des dieux, pontife suprême, le roi avait dû forcément se décharger de la plus grande partie de ses fonctions sacerdotales sur un clergé régulier. Ministres et interprètes des dieux, les prêtres gagnèrent au service de la religion, si intimement liée à tous les actes de la vie humaine, un prestige et des richesses immenses. Ils entrèrent dans les conseils des rois, où leur voix fut prépondérante ; ils commandèrent les armées, remplirent les plus hautes fonctions de l'État.

Les temples, riches en terres dont les limites s'élargissaient chaque jour, leur fournissaient un revenu fixe considérable. Les offrandes et les sacrifices, dont les dieux se contentaient de saisir à la hâte la fumée grasse ou les parfums fugitifs, ajoutèrent à ce revenu fixe un gain flottant qui n'était pas à dédaigner. De plus, se faisant comme *banquiers*, les prêtres avancèrent le blé, le métal, à gros intérêts. Enfin ils ouvrirent des manufactures, et une foule d'objets de luxe ou d'usage commun sortirent de leurs ateliers.

Les prêtres chaldéens durent encore une grande influence et de gros bénéfices à la *magie* et à l'*astrologie*. Astrologues, ils se vantaient de lire dans les astres la destinée des individus et des nations. Magiciens, ils se faisaient fort de combattre les mauvais génies, d'expulser les esprits vagabonds des morts, d'évoquer les âmes des défunts, d'interpréter les songes, de faire des prodiges, de guérir des maladies opiniâtres et inexpliquées.

L'armée. — Les soldats chaldéens pouvaient **être** mis sur la même ligne que les soldats égyptiens. Mais les soldats assyriens avaient bien plus fière mine et offraient beaucoup plus de solidité. Des exercices répétés les formaient au métier de la guerre. C'était un jeu pour eux de faire de longues courses dans les terrains les plus accidentés ; d'escalader, leur roi en tête, les montagnes ; de jeter des

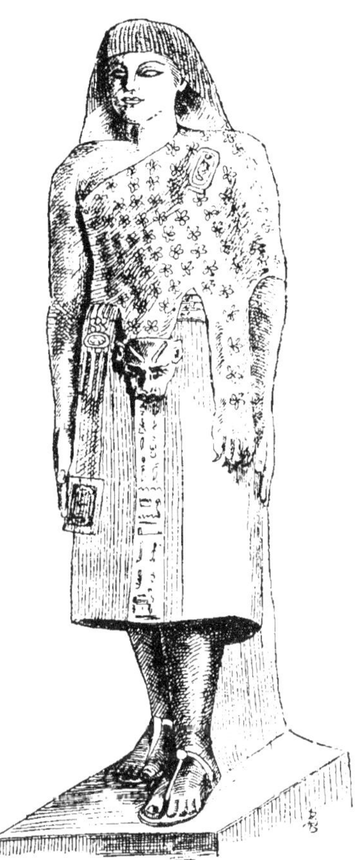

Prêtre chaldéen.
Statue du prophète Amon Aa-nen.
(Musée de Turin.)

ponts volants sur les rivières ou de les traverser à la nage en s'aidant d'outres gonflées à force de poumons. Tandis que l'Égyptien courait au combat presque nu, sans autre défense qu'un bonnet rembourré, un léger bouclier et un tablier de cuir, l'Assyrien marchait tout

bardé de fer, comme nos chevaliers du moyen âge.
De curieux bas-reliefs assyriens reproduisent les cam-

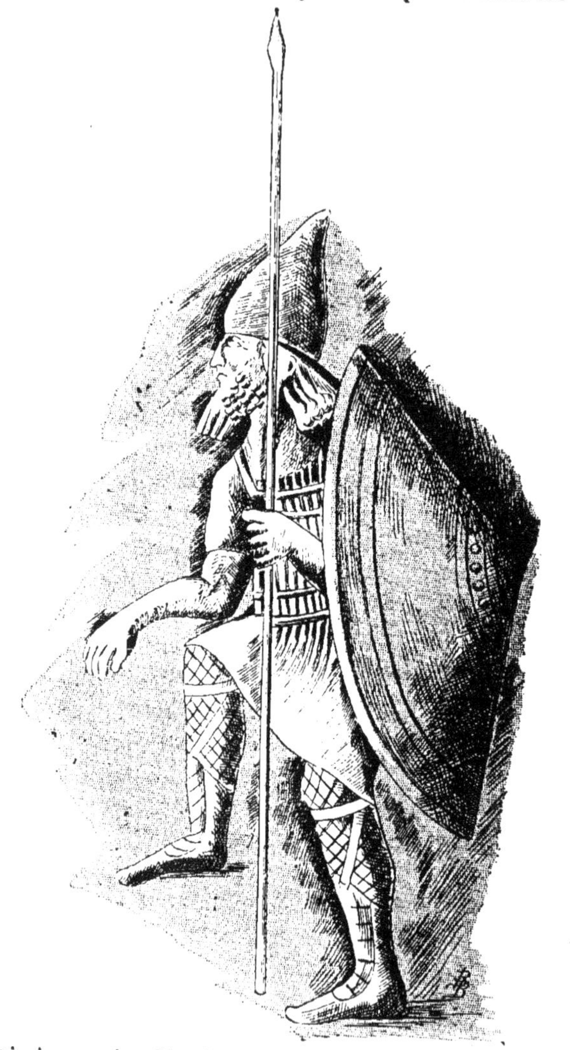

Un piquier assyrien. D'après Rawlinson, *the Five great Monarchies*,
t. I, p. 438.

pements et la vie du soldat. Les tentes, fort simples,
s'appuient sur un pieu branchu. Une table à pieds de

gazelle, quelques tabourets et pliants composent le mobilier ; la vaisselle et les provisions sont accrochées aux branches du poteau. Des soldats broient le grain, nettoient la carcasse fraîche d'un mouton, tirent leur vin ; la marmite bout sous l'œil d'un camarade ou d'une femme. La tente royale est d'une grande magnificence. Tout près est le char sur lequel sont plantées les deux enseignes du roi, et devant le char est dressé un autel sur lequel fume l'encens. Les devins et les prêtres accompagnaient en effet partout les armées. Matin et soir, en présence du prince et des troupes, ils offraient des sacrifices, récitaient des prières, pour l'heureuse issue de la campagne.

Le peuple. — Les scènes militaires ne sont point rares sur les monuments assyriens ; les portraits des rois sont plus prodigués encore. Ces durs vainqueurs apparaissent armés, casqués et cuirassés, tels que les virent passer, tremblantes de peur, les nations de l'Asie. Petits de taille, mais trapus et vigoureux, les saillies de leurs muscles témoignent qu'ils avaient une force physique exceptionnelle. Leur nez fort et busqué, leurs yeux grands, tout leur visage, portent l'empreinte du type sémitique ou juif. Quant au peuple, comprenant les paysans, les gens de métier et les marchands, il ne paraît presque jamais dans les sculptures assyriennes.

Le peuple, en effet, ne comptait pas, ou que fort peu. Il n'avait aucune influence politique. Il n'avait pas non plus l'influence de la fortune. A peu près toutes les terres appartenant au roi, aux prêtres ou aux nobles, le paysan était réduit pour gagner sa vie à la condition de tenancier ou de valet de ferme. L'industrie étant de même accaparée par les grandes manufactures royales ou sacerdotales, l'artisan ne pouvait guère trouver que là du travail, et un travail assez mal rétribué. La condition du peuple était donc assez misérable et ne différait pas sensiblement de celle du fellah égyptien. Celle des esclaves, malheureux enlevés dans les razzias militaires, était déplorable.

Les villes et les habitations. — Toutes les villes

étaient fortifiées. Ces fortifications paraîtraient invraisemblables si les ruines n'étaient là pour confirmer le récit des anciens. Les murs de Dour-Sharoukin, la ville de Sargon, aujourd'hui Khorsabad, variaient pour l'épaisseur de quatorze à vingt-quatre mètres. Une des portes avait des murs de vingt-quatre mètres d'épaisseur, et de vingt-huit mètres avec les contreforts. Cette porte, ainsi que les remparts, était garnie de tours rectangulaires, creusées et percées de meurtrières, dépassant trente mètres de hauteur.

Tout porte à croire que ces villes ressemblaient aux villes d'aujourd'hui : rues sinueuses, étroites, fangeuses, empestées d'ordures ; quartiers pauvres de cahutes en argile, de maisons basses en briques crues ; bazars populeux et bruyants ; quartiers riches, parsemés de jardins et de palais mornes et silencieux ; puis, dominant le tout, les palais et les temples, surmontés de chapelles dorées.

On a retrouvé quelques maisons de particuliers riches. Elles sont construites en belles briques d'un pied carré. De simples lucarnes, percées irrégulièrement vers le haut des parois, les éclairent. La porte est basse, cintrée, massive, une vraie porte de forteresse. Les salles oblongues, tantôt voûtées, tantôt plafonnées, sont petites, fort sombres. On sait qu'on ne les habitait que pendant les fortes chaleurs et pendant les nuits d'hiver ; dès que la chaleur devenait supportable et pendant les nuits d'été, on vivait de préférence sur les terrasses servant de toiture, on y dormait même.

Le mobilier, fort simple, même chez les riches, même chez les grands et chez le roi, se composait de tables à pieds de gazelle, de chaises, de tabourets et de pliants ; de grands coffres pour le linge ; de lits avec de minces matelas, ou simplement de nattes qu'on déroulait la nuit pour dormir, de marmites en cuivre, de pots en terre, de plats, de jarres pour l'eau et pour le vin, de bols, d'assiettes ; enfin de haches, de marteaux, de couteaux, tantôt en silex, tantôt en bronze.

Le costume pour les hommes était tantôt un simple jupon court, tantôt une tunique sans manches descendant un peu au-dessous du genou. Par-dessus on jetait un vaste châle frangé, drapé en travers de l'épaule gauche de manière à laisser nus le bras et le côté droits. Des sandales aux pieds, sur la tête une calotte collante ornée d'un simulacre de turban, complétaient le costume. Les riches se paraient les bras d'anneaux massifs, les doigts de bagues, portaient un collier, des pendants d'oreille. Le costume des femmes était le même, sauf que le châle s'ajustait en forme de manteau ; souvent il était remplacé par une robe, qu'une ceinture serrait à la taille.

Mœurs. — On a appelé les Assyriens les *Romains de l'Asie antique*. Ils étaient, en effet, par essence un peuple rude et belliqueux. La guerre fut leur vie. Ils avaient au plus haut point la force physique, l'intrépidité dans les combats, l'énergie et le courage dans les privations et les fatigues, l'instinct de la

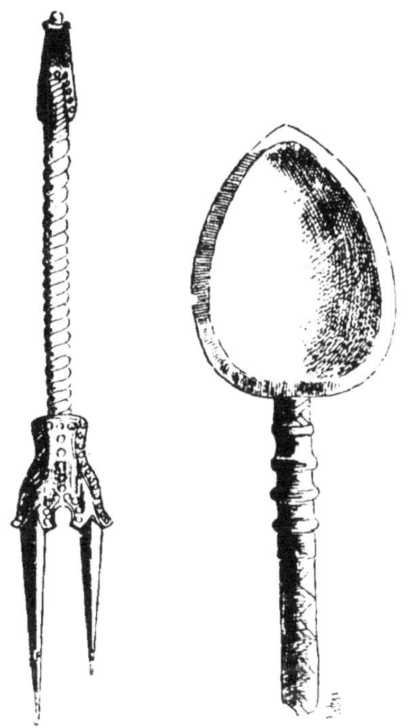

Fourchette et cuiller en bronze.
D'après Smith, *Assyrian discoveries*.

discipline, le dévouement irréfléchi et sans bornes à leurs chefs, toutes les qualités, en un mot, qui font les vrais soldats. Ils savaient d'ailleurs se plier à toutes les manières de faire la guerre, qu'il s'agit de batailles rangées dans les plaines, d'escarmouches dans les montagnes, de sièges de villes, ou même de combats sur mer.

Mais s'ils firent la guerre avec passion et gloire, ils la firent trop souvent avec barbarie et férocité. Pour eux, batailler, c'était massacrer et se gorger de butin. Dans les récits de campagnes que nous ont laissés les inscriptions de leurs rois, il ne s'agit jamais que de villes détruites ou brûlées, de gens empalés, de prisonniers décapités ou horriblement mutilés. Aucun peuple ne fut jamais plus dur pour les vaincus.

L'inscription suivante du roi Assournarzipal fera mieux comprendre que toutes les paroles la barbarie des Assyriens. Il s'agit d'une ville révoltée, il est vrai ; mais le vainqueur qui se fait gloire de telles atrocités envers des rebelles ne devait pas être fort doux pour aucun ennemi. « J'ai fait un mur devant les grandes portes de la ville ; j'ai fait écorcher les chefs de la révolte, et j'ai couvert ce mur avec leur peau ; quelques-uns ont été enfermés dans la maçonnerie du mur ; d'autres ont été mis en croix sur le mur ou exposés sur des pals le long du mur. J'ai fait des couronnes de leurs têtes ; j'ai fait des guirlandes de leurs cadavres transpercés. »

Un bas-relief nous montre un autre roi, Assourbanipal, couché sur un lit de repos, savourant avec une de ses femmes, assise en face de lui, les voluptés d'un festin. Il le fait en plein air, dans un jardin frais et délicieusement ombragé, au milieu des pampres et des fleurs. Quelqu'un joue de la harpe ; les oiseaux chantent et gazouillent. Non loin du monarque est suspendue à un arbre la tête du roi des Élamites, battu et pris dans une récente campagne.

Dans cette scène et dans celles où les rois font ostentation de leur piété envers les dieux, on voit à nu l'âme assyrienne, à la fois voluptueuse et sanguinaire, raffinée et brutale, mystique et farouche.

Les Babyloniens ne paraissent guère l'avoir cédé en férocité aux Assyriens. Ils étaient aussi de bons soldats. Il ne semble pas, cependant, qu'ils aient eu beaucoup d'aptitude à la guerre de conquêtes. Ils se firent un nom surtout par l'industrie et le commerce.

RÉSUMÉ

Le roi, *vicaire des dieux*, pontife suprême, est maître absolu pour le spirituel comme pour le temporel. Immédiatement au-dessous du roi viennent les prêtres, qui, outre leurs fonctions

sacrées, occupent les plus hautes charges civiles et militaires,
se font cultivateurs, banquiers, manufacturiers, magiciens et
astrologues. Le peuple, c'est-à-dire les paysans, les artisans, les
marchands, gagne d'ordinaire sa vie sur les terres ou dans les
ateliers du roi, des prêtres et des nobles. Tous habitent des
villes fortifiées où le roi et les grands ont des palais ressemblant
à des forteresses, les gens du peuple, de misérables chaumières.
Les mœurs sont rudes, voluptueuses et sanguinaires.

CHAPITRE VII

L'INDUSTRIE, LE COMMERCE ET LES ARTS

Industrie. — L'industrie fleurissait en Assyrie, plus
encore à Babylone. Les riches étoffes d'Assyrie aux couleurs éclatantes, les magnifiques tissus de laine et de lin
de Babylonie étaient célèbres dans le monde antique.
Les objets de luxe, tels que armes ciselées, bijoux, colliers, vases d'or, d'argent, de bronze, meubles ornés de
riches incrustations, briques émaillées, étaient également
ment renommés.

Commerce. — Nulle ville dans les vieux âges, sauf
Tyr peut-être, n'égala, pour le commerce, Babylone. Sa
situation géographique exceptionnellement belle, sur les
bords de deux grands fleuves, entre plusieurs grandes
mers, en faisait le centre naturel du commerce de l'Orient
avec l'Occident. Elle fut, en effet, pendant plusieurs
siècles le grand marché de l'Asie, le rendez-vous des
trafiquants du monde entier. Et quand, plus de deux
cents ans après sa chute, Alexandre le Grand vint visiter
ses ruines, il fut si frappé des avantages de sa situation,
qu'il rêva de lui rendre son antique prospérité.

Arts. — On ne peut, pour les arts, comparer l'empire
chaldéo-assyrien à l'Égypte. Soldats avant tout, ou com-
merçants, les peuples des rives du Tigre ou de l'Euphrate
ne donnèrent aux arts qu'une attention secondaire. Nous
avons vu qu'ils eurent cependant, eux aussi, leurs architectes, leurs peintres et leurs sculpteurs.

L'architecture éleva ces magnifiques palais, d'un style
à la fois simple et grandiose, que l'on vient de déblayer

de nos jours seulement. La peinture joua un grand rôle dans la décoration de ces palais et des temples, sous forme de fresques ou de revêtements en briques émaillées, dont quelques fragments sont parvenus jusqu'à nous. Enfin la sculpture, tout en manquant d'idéal et de justesse dans les proportions, de souplesse et de variété, produisit des œuvres d'une remarquable vigueur. Tels sont ces magnifiques taureaux ailés à face humaine qui décoraient les grandes portes des palais, et dont on peut admirer quelques-uns au Louvre.

Tête de cheval prise sur un bas-relief assyrien, au Louvre.

Découvertes modernes. — Deux sortes de constructions pouvaient surtout survivre de l'antiquité chaldéo-assyrienne : les temples et les palais. Les temples et les palais en Chaldée ont tous disparu, ou ne forment plus que des monceaux d'argile effondrée par la pluie. Sur l'emplacement même de l'opulente Babylone, un simple tertre rongé par les pluies marque l'endroit où se dressait orgueilleux le temple de Bel ; un autre tertre remplace les fameux jardins suspendus, et des buttes informes d'argile courent là où se déployaient les larges rem-

Taureau ailé trouvé au palais de Khorsabad, actuellement au Louvre.

parts. Cette destruction quasi totale tient d'abord à la qualité fragile des matériaux, puis aux ravages faits par les âges suivants dans Babylone, dont les ruines servirent à édifier successivement trois nouvelles capitales, *Séleucie*, sous les héritiers partiels d'Alexandre, *Ctésiphon*, sous les Parthes, et *Bagdad*, à l'époque de l'empire arabe.

En Assyrie, tous les temples ont également péri ; mais

quelques palais ont en partie survécu. Sans doute, les toitures et les murs presque sur toute leur hauteur se sont écroulés, recouvrant les soubassements d'une masse d'argile qui les a dérobés pour des siècles à l'œil humain; du moins ces soubassements et une faible hauteur de murs subsistent, et ont permis de se faire une idée assez exacte de ce que devaient être primitivement les palais assyriens. Du reste, en fouillant les décombres, on a fait surgir à la lumière une foule de bas-reliefs fort instruc-tifs, ainsi que de colossales et magnifiques pièces de sculpture.

Les palais en Assyrie étaient nombreux, chaque roi ayant l'habitude, comme les Pharaons, de déserter la demeure de ses pères pour se faire une nouvelle maison qui ne fût pas hantée par les souvenirs, et peut-être par l'esprit du défunt. Une dizaine ont été retrouvés par les explorateurs : un seul a été complètement déblayé, celui de Sargon à Khorsabad.

Le premier coup de pioche pour les fouilles fut donné le 1er mars 1843, sur les indications et par les soins de M. Botta, consul de France à Mossoul. Il avait été bien inspiré, car le même jour on vit apparaître les superbes taureaux ailés que possède le Louvre. Les travaux conti-nuèrent sous le successeur de M. Botta, M. Victor Place, qui reconnut tout l'immense palais de Sargon.

De son côté, le voyageur anglais Layard faisait, en 1845, déblayer le palais de Sennachérib, à Ninive, et celui d'Assarhadon, à Nimroud. La collection assy-rienne de Londres est de beaucoup la plus riche; du moins, la France peut revendiquer l'honneur d'avoir là-bas, comme en Égypte, donné le signal des travaux qui devaient aboutir à la résurrection d'un passé enseveli dans un oubli complet depuis plus de deux mille ans.

LES MÈDES ET LES PERSES

Les civilisations les plus anciennes appartiennent à des peuples issus des deux premiers fils de Noé, Sem et Cham : les Égyptiens étaient la postérité de Cham ; les Hébreux, les Chaldéens et les Assyriens, la postérité de Sem. Le troisième fils, Japhet, longtemps laissé dans l'ombre, va paraître maintenant au premier plan : les *Perses* et les *Mèdes*, qui renversent l'empire babylonien en 536, qui soumettent l'Égypte en 525, sont des descendants de Japhet.

CHAPITRE I

GÉOGRAPHIE DE L'IRAN

SOMMAIRE

Plateau de l'Iran. — Médie et Perse anciennes. — Populations. — Asie Mineure.

Plateau de l'Iran. — De la Caspienne à la mer des Indes, de la crête des monts qui s'abaissent vers le Tigre à la tranche de ceux qui dominent la vallée de l'Indus, s'étend un immense plateau, grand comme cinq fois au moins la France, appelé plateau d'Iran. Cerné de montagnes qui arrêtent les vents de la mer et les pluies, l'Iran, dans l'ensemble, est un plateau sec. Le climat y est rude et capricieux. L'altitude de ses plaines, dont la moyenne est de douze cents mètres, fait que l'hiver y est aussi rigoureux que dans les départements les plus froids de la France, sous une latitude égale à celle de l'Algérie. Les étés y suffoquent par la chaleur du ciel, le calme de l'air et la réverbération des rayons sur les dunes, les collines de pierre et les terres salées sans ombre et sans ruisseaux.

La Médie et la Perse occupaient une faible partie de ce plateau à l'ouest. Elles comprenaient la région montagneuse qui forme comme un isthme entre la Caspienne et le golfe Persique. La Médie était au nord de l'isthme, vers *Ecbatane,* aujourd'hui *Hamadan;* la Perse, au sud-est, vers *Persépolis,* dont les ruines s'élèvent à douze lieues environ de la délicieuse *Chiraz.*

Médie. — La partie nord de la Médie, séparée de la Caspienne par une chaîne aussi élevée que les Alpes, la chaîne de l'Elbourz, dont la cime principale, le *Déma-vend,* atteint cinq mille six cent vingt-huit mètres, offre partout le contraste brusque de vallées profondes, riantes, fertiles, et de montagnes abruptes et d'aspect sauvage. Les froids y sont rigoureux, les chaleurs accablantes en été dans les vallées. Des vents terribles y soufflent qui « coupent comme une épée ».

La Médie du sud, ou Médie proprement dite, commençait le haut plateau qui se continue à l'est par le grand désert Salé. L'hiver y est moins rigoureux que dans la Médie septentrionale ; mais l'été est si terrible, que les populations des vallées doivent chercher un abri dans les montagnes. D'ailleurs les terres sont fertiles partout où l'eau circule, surtout au pied des hautes montagnes de la Caspienne.

Perse. — La Perse ne comprenait qu'une faible partie de la Perse actuelle, c'est-à-dire le *Parsistan.* Les anciens distinguaient la *Perse maritime,* mince littoral grillé par des soleils excessifs, des sables volants, des vents torrides ; la *Perse intérieure,* plaine arrosée par divers cours d'eau, fertile en fruits, riche en pâturages et en bestiaux ; et la *Perse montagneuse,* pays froid, mais égayé par de riches et charmantes vallées.

La région la plus habitable est la Perse intérieure,

bien que le climat y soit fort variable. A des froids aigus succèdent des chaleurs accablantes. Les pluies, les tourbillons, les bourrasques y sont souvent très incommodes. Mais il y a des jours admirables par la beauté du ciel, la transparence de l'air, la douceur de la température.

Populations de la Médie et de la Perse. — Issus des Iraniens, rameau de la grande famille japhétique, les *Mèdes* et les *Perses* étaient de la même race, avaient la même langue et la même religion. Mais ils n'eurent point les mêmes mœurs, qui furent, à l'origine du moins, rudes et belliqueuses chez les Perses, voluptueuses et molles chez les Mèdes, de sorte que les Perses, d'abord vassaux des Mèdes, devinrent ensuite et assez promptement leurs suzerains.

L'Asie Mineure. — Au plateau de l'Iran, sur sa frontière occidentale, est adossée l'*Arménie*, vaste assemblage de monts pour la plupart nus, monotones, laids et même lugubres, mais pleins de belles sources, de torrents aux eaux limpides, au-dessus desquels le merveilleux *Ararat* élance sa cime étincelante de neige à une hauteur de plus de cinq mille mètres. A l'Arménie fait suite l'*Asie Mineure*, elle-même vaste et confus entrecroisement de montagnes, que les anciens appelaient du nom général de *Taurus*. L'Asie Mineure, grande presqu'île baignée sur trois de ses côtés par la Méditerranée et par la mer Noire, avait comme l'Arménie des populations de race japhétique et devait sentir de bonne heure le poids des armes perses.

RÉSUMÉ

Le plateau de l'Iran, vaste contrée peu fertile, cachée et comme isolée du reste de l'Asie par une couronne de montagnes courant sur ses bords, se terminait sur sa frontière occidentale par deux pays montagneux, la Médie au nord, la Perse au sud, où les cimes arides alternent avec les vallées riantes, les froids aigus avec les chaleurs accablantes. La Médie et la Perse étaient occupées par des populations japhétiques, ayant même race, même langue et même religion, mais non les mêmes mœurs. A la Médie faisait suite du côté de l'ouest la montagneuse Arménie, et à l'Arménie, la guère non moins montagneuse Asie Mineure, occupées toutes deux aussi par des populations de race japhétique.

CHAPITRE II

L'EMPIRE DES MÈDES (632-560)

SOMMAIRE

I. Règne de Cyaxare (632-595). — Fondation de la monarchie mède (632). — Invasion des Scythes. — Prise de Ninive (625). — Guerre contre les Lydiens et alliance avec leur roi Alyatte (608).

II. Règne d'Astyage (595-560). — Goûts pacifiques et chute d'Astyage. — Origine de Cyrus.

I. — Règne de Cyaxare (632-595).

Fondation de la monarchie mède. — Les origines véritables de la monarchie mède se perdent dans l'obscurité de légendes aussi fabuleuses que celles de l'Assyrie, mais moins éclatantes et moins poétiques. Il est plus que probable qu'à l'exemple des autres pays dans l'antiquité, la Médie fut d'abord morcelée en plusieurs petites principautés indépendantes. Un prince, le premier dont l'existence ne soit point douteuse, *Cyaxare* (632-595), réunit sous son autorité les divers cantons mèdes et imposa même son joug aux cantons perses. C'est lui qu'on peut regarder comme le fondateur de la monarchie mède. Après avoir donné à son pays l'unité politique, il lui prépara un instrument de conquête en organisant l'armée, qui jusque-là n'avait été qu'une mêlée confuse de piquiers, d'archers et de cavaliers.

Invasion des Scythes. — L'empire assyrien, épuisé par les campagnes glorieuses mais trop répétées des Sargonides, était, après une brillante période de prospérité, entré en décadence. Cyaxare essaya sur lui la force de ses nouvelles armes. Déjà il avait vaincu les Assyriens et assiégeait Ninive, quand les Scythes débouchèrent comme un torrent sur la Médie. Cyaxare leva à la hâte le siège de Ninive et accourut au-devant des envahisseurs. Il fut accablé par le nombre et dut payer tribut aux Barbares.

Maîtres de l'Asie, les Scythes la foulèrent sans pitié pendant huit ans. L'Assyrie, qu'ils avaient sauvée des Mèdes sans le vouloir, vit ses villes royales brûlées et

Frise des Archers.

Détail mural du palais d'Artaxerce - Memnon. (Louvre, musée Dieulafoy.)

saccagées de fond en comble. La Médie ne souffrit guère moins. Pour se délivrer des Barbares, Cyaxare invita le chef des Scythes et ses principaux officiers à un grand banquet, et après les avoir enivrés, il les tua.

Prise de Ninive (625). — Cyaxare reprit alors ses projets contre Ninive. S'unissant à Nabopolassar, gouverneur de Babylone révolté, il marcha sur la grande ville, qui succomba presque aussitôt. Les deux vainqueurs se partagèrent l'Assyrie : le nord appartint aux Mèdes, le sud aux Babyloniens (625).

Guerre contre les Lydiens. — Cyaxare devenait le voisin du puissant royaume de Lydie, qui dominait en Asie Mineure. Il ne tarda point à déclarer la guerre au roi de *Sardes*, *Alyatte*. Les Lydiens soutinrent le choc sans fléchir. Après six ans de luttes, on fit la paix. La limite des deux États fut fixée au cours de l'*Halys* (aujourd'hui *Kizil-Irmak*). Pour consolider l'alliance, Alyatte maria sa fille Aryénis avec *Astyage*, fils de Cyaxare (608).

À la suite de cette paix, les royaumes de Médie, de Babylone et de Lydie maintinrent entre eux une sorte d'équilibre. Cyaxare mourut quelque temps après, plein de jours et de gloire (595).

II. — Règne d'Astyage (595-560).

Goûts pacifiques et chute d'Astyage. — *Astyage* n'avait point l'humeur belliqueuse de son père. Des alliances matrimoniales entretinrent la bonne harmonie avec les États voisins. Lui-même avait épousé une fille du roi de Lydie, Alyatte ; sa sœur devint femme de Nabuchodonosor, roi de Babylone. Beau-frère de Crésus, fils d'Alyatte, et du puissant Nabuchodonosor, Astyage semblait n'avoir rien à redouter, et déjà il menait depuis trente-cinq ans un règne paisible, occupé de chasse et de plaisirs, quand tout à coup il se trouva renversé du trône par son vassal Cyrus, roi des Perses.

Origine de Cyrus. — Qui était *Cyrus*, le vainqueur d'Astyage? À cette question, l'érudition n'a pu encore donner une réponse certaine. La légende s'est emparée de bonne heure de Cyrus; moins d'un siècle après sa mort, il courait déjà sur son histoire quatre versions différentes.

Hérodote fait naître Cyrus de Mandane, fille d'Astyage, et de Cambyse, roi de Perse, et il entoure sa naissance des aventures les plus romanesques. Menacé en songe d'être détrôné par son petit-fils, Astyage avait ordonné à un de ses officiers, nommé Harpagus, de le faire périr. Ému de pitié, Harpagus n'avait pu se résoudre à tuer lui-même l'enfant, et il l'avait remis à un berger, avec ordre d'exécuter la volonté du roi. La femme du berger, frappée de sa beauté, l'éleva comme son propre fils. A l'âge de dix ans, Cyrus dut paraître devant le roi pour se justifier d'un crime. Astyage le reconnut ; il l'épargna ; mais, pour se venger d'Harpagus, il l'invita à souper et lui fit servir les chairs de son propre fils. Quand il connut l'affreuse vérité, Harpagus jura en secret de se venger.

Cyrus avait été renvoyé en Perse auprès de sa mère. Quelques années plus tard, Harpagus, qui avait tout disposé pour une révolution, envoya dire à Cyrus que, s'il voulait détrôner Astyage, l'entreprise était facile ; qu'en la faisant il se vengerait, le vengerait lui-même et délivrerait les Mèdes d'un joug odieux, car Astyage était fort cruel. Cyrus décida les Perses à la révolte. Astyage envoya contre lui des troupes dont il commit l'imprudence de donner le commandement à Harpagus. Harpagus fit naturellement défection. Astyage réunit à la hâte une deuxième armée ; mais il fut vaincu et pris. Alors les Mèdes obéirent aux Perses, et Cyrus régna sur les deux peuples.

Tout ce récit paraît bien n'être qu'une fable. Ctésias, qui put consulter les archives de la Perse, dit que Cyrus n'était en aucune façon parent d'Astyage. Mais s'il est plus que douteux que ce prince fût petit-fils d'Astyage, en revanche les découvertes modernes permettent d'affirmer qu'il était de la famille royale des *Achéménides*, et fils de Cambyse, roi des Perses.

RÉSUMÉ

Le fondateur de la monarchie mède est *Cyaxare* (635-595), qui réunit sous son autorité les différentes principautés mèdes, impose sa suzeraineté à la Perse, se crée une armée, débarrasse le royaume d'une longue invasion des Scythes ; renverse Ninive, d'accord avec le gouverneur de Babylone, Nabopolassar (625), et s'adjuge le nord de l'Assyrie ; enfin bat Alyatte, le roi des Lydiens, lui prend une partie de ses États, et marie son fils

Astyage à la fille du vaincu, Aryénis. *Astyage,* beau-frère par sa femme du nouveau roi des Lydiens, *Crésus,* devient beau-frère de *Nabuchodonosor* par sa sœur, règne en paix pendant trente-cinq ans (595-560), puis est subitement renversé par son vassal *Cyrus,* fils de Cambyse, roi des Perses.

CHAPITRE III

L'EMPIRE DES PERSES — CYRUS (560-529)

SOMMAIRE

Guerre contre les Lydiens (554). — Conquête de l'Iran (554-539). — Conquête de la Chaldée (539-536). — Fin de la captivité des Juifs (536). — Mort de Cyrus (529).

Le règne de Cyrus ne fut qu'une suite de guerres; il y gagna un immense empire et l'honneur de figurer parmi les plus grands conquérants de l'antiquité.

1º Guerre contre les Lydiens. — Crésus, roi de Lydie, par plusieurs expéditions heureuses, avait soumis toute l'Asie Mineure située en deçà de l'Halys, y compris les riches colonies grecques de la côte. L'acquisition de tant de provinces fertiles et industrieuses fit de lui un des souverains les plus opulents de l'époque. C'était d'ailleurs un prince libéral et magnifique, et la générosité avec laquelle il prodigua ses trésors lui valut l'admiration de la Grèce. La cour somptueuse qu'il tenait à Sardes reçut tour à tour comme hôtes les Grecs les plus sages et les plus vertueux : Solon, Bias de Priène, Pittacus de Mitylène et Thalès de Milet.

En apprenant la chute de son beau-frère Astyage, Crésus se sentit menacé et chercha des secours au dehors. Il forma une coalition avec Nabonid, roi de Babylone, et Amasis, roi d'Égypte. Les Lacédémoniens, le peuple le plus belliqueux de la Grèce, lui promirent des renforts. L'oracle de Delphes, consulté, répondit que s'il faisait la guerre aux Perses, il détruirait un grand empire. Il détruisit, en effet, un grand empire, mais ce fut le sien.

Crésus n'attendit point que ses alliés fussent prêts. Au printemps de 554, il envahit la Cappadoce, faisant le désert sur son passage. Cyrus employa tout l'été à réunir des troupes et ne parut qu'en automne. A la suite d'un combat indécis, comme l'hiver était venu, Crésus, croyant la campagne terminée, se replia sur Sardes et renvoya ses mercenaires. Alors Cyrus parut tout à coup, et poussa droit sur Sardes. Crésus, surpris à son tour, rassembla ce qu'il avait de troupes indigènes, et offrit la bataille dans une grande plaine stérile, en vue de Sardes.

Crésus, vaincu après une héroïque résistance, se renferma dans Sardes, où Cyrus vint l'assiéger. La place fut prise après quatorze jours de siège (554). Dans le désordre qui suivit l'entrée des ennemis, Crésus faillit être tué par un soldat perse qui ne le connaissait pas. Un de ses fils, sourd et muet de naissance, vit le danger, et en fut si effrayé que la parole lui vint tout à coup : « Soldat, cria-t-il, ne tue pas Crésus! » Cyrus non seulement épargna le malheureux roi, mais de plus fit de lui son ami et son conseiller.

Conquête de l'Iran (554-539). — Cyrus se tourna ensuite vers les régions de l'extrême Orient. Il parcourut et soumit tout le plateau de l'Iran jusqu'à l'Iaxarte, sur les bords duquel il bâtit une place forte, appelée de son nom *Cyropolis*. Ces conquêtes l'occupèrent quinze ans (554-539).

Conquête de la Chaldée (539-536). — Restait la Chaldée. Babylone était en décadence depuis plusieurs années ; une légère secousse pouvait la renverser, bien qu'en apparence elle fût pleine de vie et de force.

A la nouvelle de la marche des Perses sur l'Euphrate, le roi de Babylone ordonna des supplications et des sacrifices à Bel ; il fit transporter dans la capitale les dieux les plus vénérés des autres villes pour se couvrir de leur puissance. Cyrus ne se laissa pas intimider par l'arrivée de cette garnison divine. Après avoir gagné sur les Chaldéens la bataille de *Routou*, il vint mettre le siège devant Babylone.

La ville, trop vaste pour être investie, trop forte pour être emportée d'assaut, trop bien approvisionnée pour être réduite par la famine, semblait devoir défier tous les efforts des Perses. Cyrus resta longtemps sous ses murs sans faire le moindre progrès. Il réussit enfin à s'en emparer par surprise. Il détourna les eaux de l'Euphrate et pénétra dans la ville par le lit même du fleuve, un jour de fête, pendant que les Babyloniens étaient tout entiers aux divertissements. Ceci arriva l'an 536 avant Jésus-Christ.

Fin de la captivité des Juifs. — Dans les desseins de Dieu, le vainqueur de Babylone devait être le libérateur du peuple juif, qui gémissait en exil sur les rives de l'Euphrate. « Voici ce que moi, le Seigneur, je dis à mon élu Cyrus : « Je marcherai devant toi, j'humilierai « les puissants de la terre, je briserai les portes d'airain, « et je soumettrai les nations. Je t'ai suscité pour relever « ma ville, pour renvoyer mon peuple captif, sans pré- « sent, sans rançon. » En effet, l'année même de la prise de Babylone (536), Cyrus promulgua l'édit par lequel il permettait aux Juifs de rentrer dans leur patrie.

Maître de Babylone, Cyrus n'y fixa point sa résidence. Il lui préféra tantôt Pasagardes, une des capitales de la Perse, tantôt Suse, capitale de la Susiane. La ville de Nabuchodonosor reçut comme gouverneur *Gobryas*, général qui avait dirigé les travaux du siège. C'est avec ce Gobryas qu'il faut très vraisemblablement identifier *Darius le Mède*, que la Bible établit à Babylone après la mort de Balthasar. « La même nuit, Balthasar, roi de Chaldée, fut tué, et Darius le Mède lui succéda sur le trône, à l'âge de soixante-deux ans. » Le gouverneur prit pour premier ministre le prophète Daniel, amené fort jeune de Jérusalem à Babylone par Nabuchodonosor, et qui bientôt écrivit la célèbre *prédiction des soixante-douze semaines d'années*, au bout desquelles devait paraître le Sauveur du monde.

Mort de Cyrus. — Cyrus vécut encore sept ans, puis disparut d'une manière mystérieuse : il est probable qu'il mourut de mort violente.

Selon Hérodote, il demanda en mariage *Tomyris*, reine des Massagètes, qui vivaient à l'est de la Caspienne, et fut repoussé. Irrité, Cyrus lui déclara la guerre, et fit prisonnier son fils, qui se tua de désespoir. Tomyris, pour le venger, hasarda une grande bataille. Cyrus y périt. La reine lui fit couper la tête et la plongea dans une outre de sang humain, disant : « Tu m'as perdue en prenant mon fils par ruse; aussi, moi, je te rassasierai de sang. » Les Perses parvinrent à recouvrer le corps de leur roi, et le transportèrent à Pasagardes, où ils l'ensevelirent somptueusement dans les jardins du palais. On montre encore aujourd'hui un monument en marbre blanc que l'on dit être le tombeau de Cyrus.

RÉSUMÉ

Cyrus passe sa vie à faire la guerre. Il bat près de Sardes et détrône le roi des Lydiens, *Crésus* (554). Il fait la conquête de l'Iran (554-539), puis celle de la Chaldée (536). Maître de Babylone, il rend la liberté aux Juifs (536). Sept ans après (529), il **meurt**, très probablement tué dans une bataille contre Tomyris, reine des Massagètes. On montre son tombeau à Pasagardes, une des capitales de la Perse.

CHAPITRE IV

L'EMPIRE DES PERSES — CAMBYSE (529-521)

SOMMAIRE

Meurtre de Smerdis. — Conquête de l'Égypte (525). — Échec sur Carthage et sur l'Éthiopie. — Cruautés et folies. — Révolution en Perse et mort de Cambyse.

Meurtre de Smerdis. — Cyrus avait laissé la couronne à son fils aîné, *Cambyse*, et le commandement de plusieurs provinces à son deuxième fils, *Smerdis*. Cambyse, voulant régner seul, se débarrassa de son frère par un assassinat. Le crime fut accompli avec tant de secret, que le peuple et la cour crurent Smerdis simplement enfermé dans quelque palais de la Médie.

Conquête de l'Égypte (525). — Amasis, roi d'Égypte, était entré dans la coalition formée par Crésus contre les Perses. Après la défaite des Lydiens, il chercha à faire oublier cette alliance, et réussit à vivre en bons termes avec Cyrus. Mais le jeune et aventureux Cambyse lui déclara la guerre.

Les Perses, en arrivant sur la frontière d'Égypte, apprirent la mort d'Amasis et l'avènement du jeune *Psammétick III*. La bataille de *Péluse* fut menée de part et d'autre avec une bravoure désespérée. Défait, Psammétick courut s'enfermer dans Memphis, qui se rendit bientôt. La basse Égypte était soumise, la haute Égypte suivit de près.

Quelques jours avaient suffi pour mettre fin à une puissance vieille de plus de quatre mille ans. Cambyse, touché de compassion pour l'infortune de ce jeune roi, qui n'était monté sur le trône que pour en tomber aussitôt, l'aurait peut-être rétabli comme vassal, s'il n'avait été informé d'une conjuration qui se tramait contre les Perses. Psammétick fut envoyé au supplice (525).

Projets sur Carthage et sur l'Éthiopie. — Maître du plus vaste empire qui eût jamais existé, Cambyse n'était point encore satisfait : il voulut avoir Carthage et l'Éthiopie.

Carthage alors régnait sans rivale sur le bassin occidental de la Méditerranée, et ses vaisseaux pénétraient au loin dans les régions fabuleuses de l'Europe septentrionale. Ses trésors tentèrent l'avidité de Cambyse. Mais les Phéniciens, qui l'avaient suivi sur les côtes de l'Égypte, refusèrent de prêter leur flotte pour une expédition dirigée contre une ville fondée par leurs colons. Il fallut prendre la voie de terre. Cinquante mille hommes furent envoyés pour occuper l'oasis d'Ammon et frayer la route au reste des troupes. Ils disparurent sous des monceaux de sable, et on n'entendit plus parler d'eux.

La tentative sur l'Éthiopie ne fut pas plus heureuse. Cambyse commit la grande imprudence de partir sans vivres, et surtout, pour faire plus vite, de s'avancer à travers le désert, au lieu de suivre les détours du Nil. Bientôt une horrible famine se fit sentir; on mangea d'abord les bêtes de somme, puis les soldats tirèrent au sort entre eux et mangèrent un homme sur dix. Il fallut revenir.

Cruautés et folie. — Ce double insuccès agit sur l'esprit du roi, déjà un peu troublé, et la violence de son caractère éclata. En rentrant à Memphis, il trouva la ville en fête : on venait d'introniser un nouvel Apis. La vue de ces fêtes l'irrita; il tua les magistrats, flagella les prêtres, et blessa mortellement le dieu, qui succomba quelques jours après. Il viola les tombeaux des rois, fit jeter au feu les statues du dieu Ptah, tua sa propre sœur, et fit enterrer vifs douze des principaux officiers de sa suite; enfin, il agit en tout comme un insensé.

Révolution en Perse et mort de Cambyse. — Cambyse venait de quitter l'Égypte, et se trouvait en Syrie, quand un héraut se présenta dans son camp, proclama à haute voix que Cambyse avait cessé de régner, et somma toute l'armée de reconnaître pour roi Smerdis, fils de Cyrus.

Une révolution avait éclaté en Perse pendant l'absence de Cambyse. Un certain *Gaumatès*, de la caste des mages, s'était fait passer pour Smerdis, fils de Cyrus, avec qui il avait une étonnante ressemblance; la Perse, la Médie et d'autres provinces l'avaient salué roi.

Cambyse savait bien que Smerdis était mort. Il se disposait à partir à la tête des troupes restées fidèles pour châtier l'usurpateur, quand il mourut d'une manière mystérieuse. Hérodote raconte qu'il se blessa avec son épée en montant à cheval. Il n'avait régné que sept ans et cinq mois.

RÉSUMÉ

Cambyse (529-521), fils aîné de Cyrus, tue son frère Smerdis, bat à Péluse et détrône le jeune Psammétick III, roi d'Égypte, échoue dans une folle expédition contre Carthage d'abord, puis contre l'Éthiopie; se venge de ses échecs par des cruautés en Égypte, puis meurt subitement en allant combattre en Perse Gaumatès, le faux Smerdis.

CHAPITRE V

APOGÉE DE L'EMPIRE DES PERSES. — DARIUS Ier (521-485)

SOMMAIRE

Avènement de Darius Ier, fils d'Hystaspe. — L'inscription de Béhistoun. — Révoltes sous Darius Ier. — Organisation de l'empire. — Impôts. — Campagnes de Darius Ier dans les Indes et en Scythie (512 et 506). — Révolte des cités ioniennes (500). — L'empire perse à la mort de Darius (485).

Avènement de Darius. — Cambyse ne laissait point d'héritiers et n'avait pas désigné son successeur. Avant de mourir, il avait instruit les grands qui l'entouraient de l'origine du prétendu Smerdis. L'usurpateur n'en régna pas moins sept mois sans contestation. L'imposture finit cependant par être punie. Darius, fils d'Hystaspe, s'entendit avec six des plus résolus parmi les chefs des grandes familles; il surprit et tua le mage ainsi que ses complices. Il était lui-même de la tribu royale des Achéménides, de la famille de Cyrus par conséquent, et son héritier naturel. Il fut aussitôt proclamé par les conjurés, et, en souvenir du meurtre qui l'avait fait roi, il institua une fête sous le nom de *magophonie* ou massacre des mages.

L'inscription de Béhistoun. — L'usurpation du faux Smerdis et l'avènement de Darius nous sont connus par le récit d'Hérodote et par la précieuse inscription de la roche de *Béhistoun*. Cette roche se trouve au milieu d'une plaine, sur la route de Kermanshah à Hamadan, l'ancienne Ecbatane. Elle forme un énorme massif, taillé à pic, sur lequel sont gravés un grand nombre de bas-reliefs et d'inscriptions.

Nous pouvons étudier dans le règne de Darius : 1º les révoltes qu'il eut à comprimer à son avènement; 2º l'organisation qu'il donna à l'empire: 3º ses campagnes ; 4º les résultats de son règne.

1° Révoltes. — L'inscription de Béhistoun nous apprend que Darius eut beaucoup de peine à affermir

Rampe du palais de Persépolis.

son autorité. La révolte éclata partout, en Babylonie, en Perse, en Médie, en Susiane, en Arménie. Il fallut cinq ans à Darius pour rétablir l'ordre (521-516). « J'ai, dit-il lui-même, livré dix-neuf batailles et vaincu neuf rois. »

La plus célèbre de ces révoltes est celle de Babylone. La ville soutint un siège de plus de vingt mois, et, d'après Hérodote, le roi n'aurait pu la réduire sans le dévouement d'un de ses généraux, *Zopire*. Zopire se coupa le nez et les oreilles, se tailla irrégulièrement la chevelure, se sillonna le corps de coups de fouet, puis passa chez les Babyloniens, se disant ainsi maltraité par Darius et paraissant ne respirer que la vengeance. Il gagna la confiance des Babyloniens, qui lui donnèrent le commandement en chef et la garde des remparts. Il livra alors la ville aux Perses.

2° Organisation de l'empire. — Après avoir rétabli la paix dans l'empire, Darius l'organisa. Il laissa aux peuples soumis leurs chefs indigènes, leur langue, leurs mœurs, leur religion, leurs lois, leurs constitutions. Mais il rattacha fortement les pouvoirs locaux à l'autorité royale. Le territoire fut divisé en grands gouvernements, et dans chaque gouvernement ou satrapie trois officiers représentèrent le roi : un *satrape,* un *secrétaire royal* et un *général.*

Ces trois officiers se surveillaient et se tenaient mutuellement en échec, de manière à rendre une révolte très difficile. Ils étaient en rapport perpétuel avec la cour, par des services réguliers de courriers à cheval, établis entre Suse, maintenant capitale de l'empire des Perses, et les provinces les plus éloignées. Chaque année des inspecteurs royaux, appelés *yeux et oreilles du roi,* parcouraient les provinces avec pouvoir de tout contrôler, de tout réformer.

Impôts. — Un des principaux soins de Darius fut l'organisation des finances. La Perse propre fut dispensée de charges régulières; mais les habitants devaient au roi, quand il traversait un pays, un cadeau proportionné à la fortune de chacun. Les autres provinces furent frappées, en raison de leur étendue et de leur richesse, d'un tribut payable partie en argent, partie en nature.

Le revenu en argent était coulé en lingots et déposé dans le trésor royal. Une partie seulement était monnayée et livrée à la circulation. Les pièces d'or et d'argent appe-

lées *dariques*, épaisses et irrégulières, servirent surtout
à la solde des armées de terre et de mer, et n'eurent
communément cours que dans les contrées riveraines
de la Méditerranée. A l'intérieur, on continua à peser
les métaux.

3° Campagnes de Darius. — Pour plaire à l'humeur belliqueuse des Perses et leur prouver qu'il n'était
inférieur ni à Cambyse ni à Cyrus, Darius fut obligé de
faire la guerre. Il se tourna d'abord vers l'Inde, puis vers
l'Europe.

Inde. — L'amiral grec *Scylax* explora, pour le
compte de Darius, le bassin de l'Indus jusqu'à la mer.
Ce hardi navigateur descendit le fleuve; puis, arrivé à
son embouchure, le premier des Grecs il osa se lancer
sur la *mer Érythrée,* aujourd'hui mer des Indes. Après
trente mois de navigation, il arriva, par le détroit de
Bab-el-Mandeb, dans la mer Rouge. A la suite de
l'expédition de Scylax, Darius soumit les Indiens, et ses
flottes fréquentèrent la mer de l'Inde. Il en tira d'énormes
revenus (512).

Europe et Scythie. — Au lieu de pousser plus loin
vers le Gange, où s'ouvrait pour les Perses une carrière
brillante et lucrative, Darius alla guerroyer contre les
Scythes, sans doute pour venger l'Asie des incursions
de ces Barbares.

Darius franchit le Bosphore sur un pont de bateaux,
soumit la côte orientale de la Thrace, passa l'*Ister* ou
Danube (508), puis s'enfonça dans l'immense steppe qui
forme la partie méridionale du territoire russe. Deux
mois durant, il parcourut les steppes du *Don* ou Tanaïs,
puis rentra paisiblement en Asie, après avoir soumis
la Thrace et forcé la Macédoine à payer tribut (506).
Les Scythes n'osèrent plus rien entreprendre sur les
frontières des Perses.

Révolte des cités ioniennes. — La fortune de Darius
se trouva tout à coup troublée par le soulèvement des
cités grecques de l'Asie Mineure (500). Avec le concours
des Athéniens, les Grecs incendièrent la ville de Sardes
en Lydie. Ils en furent cruellement punis. Milet, qui

avait donné le signal de la révolte, fut emportée d'assaut, et ses habitants vendus ou transportés à l'embouchure du Tigre. Les autres villes furent pillées ou réduites en cendres.

Darius voulut aussi se venger des Athéniens. Une première expédition échoua, grâce à une tempête sur les côtes de Thrace (492). Deux ans plus tard, Datis et Artapherne, débarqués en Attique, furent battus à *Marathon* (490). Ces désastres n'ébranlèrent point le courage de Darius. Il disposait tout pour une éclatante revanche, quand il mourut inopinément, dans la trente-sixième année de son règne (485).

4° L'empire perse à la mort de Darius (485). — L'échec contre les Grecs n'avait point entamé sérieusement l'œuvre de Darius. L'empire qu'il laissait en mourant était à la fois le plus vaste et le mieux organisé que le monde eût encore vu. En relation par l'Inde avec l'extrême Orient, par la Thrace avec l'Europe, il voyait les richesses affluer dans son sein. La civilisation des Perses était brillante, et ils ne méritaient point le nom de *barbares* que leur donnait l'orgueil des Grecs.

L'empire des Perses sera détruit en 332 par Alexandre le Grand, roi de Macédoine; mais le fait, ainsi que ceux qui ont suivi le règne de Darius Ier, appartient à l'*histoire de la Grèce* et non plus à l'*histoire ancienne*.

RÉSUMÉ

Darius, fils d'Hystaspe, de la tribu royale des Achéménides, tue le faux Smerdis et se fait reconnaître roi. Cet événement est rappelé par la précieuse *inscription de Béhistoun,* ainsi que plusieurs autres de l'histoire perse. Darius Ier passe cinq ans (521-516) à comprimer des révoltes en Babylonie, en Perse, en Médie, en Susiane, en Perse. La révolte et la répression de Babylone sont célèbres par le dévouement de Zopire. Le roi organise ensuite ses vastes États. Chaque province ou *satrapie* est gouvernée par un satrape, un secrétaire royal et un général. Les provinces, sauf la Perse, payent l'impôt en argent et en nature. Elles conservent d'ailleurs leurs lois, coutumes et autorités locales.

Darius fait la guerre d'abord dans l'Inde, puis en Europe contre les Scythes, à qui il impose la terreur de son nom; au retour il soumet la Thrace (512-506). Il comprime une révolte des cités ioniennes (500). Il cherche à se venger de leurs alliés les Athé-

niens; mais une tempête fait échouer une première expédition
(492), et une deuxième est marquée par la défaite de ses généraux
Datis et Artapherne à *Marathon* (490). Cet échec n'empêche point
qu'il ne laisse en mourant (485) le royaume le plus vaste et le
mieux organisé qu'on eût encore vu.

CHAPITRE VI

CIVILISATION DES PERSES

RELIGION. — MŒURS ET COUTUMES. — ARTS ET SCIENCES

Exposer la civilisation des Mèdes sera exposer aussi
celle des Perses. Si les deux peuples à l'origine présentent quelque différence, après Cyrus ils se confondent
tout à fait. Ils ne forment plus réellement qu'un même
peuple.

I. — Religion.

La religion des Perses était le *mazdéisme* ou religion
de *Zoroastre*. Zoroastre paraît avoir vécu en Bactriane vers
l'an 2500 avant Jésus-Christ. Sa doctrine, contenue
dans le *Zend-Avesta*, ou Livre de la loi, est la doctrine
la plus pure, la plus noble et la plus voisine de la vérité
parmi celles du monde antique, à part celle des Hébreux. Mais réduit aux forces de sa raison seule, Zoroastre devait se heurter au formidable problème de
l'origine du mal et y échouer.

1° Croyances. — La religion de Zoroastre a été
appelée la religion du *dualisme,* à cause des deux principes, l'un bon, l'autre mauvais, qu'elle met en présence et par lesquels elle cherche à expliquer le monde
actuel. Ces deux principes sont *Ormuzd* et *Ahriman.*

Ormuzd est le sage par excellence, le lumineux, le
resplendissant, le très grand et très bon, le très parfait
et très actif, le très intelligent et très beau. Il est incréé
et éternel; par sa parole il a tout créé, tout tiré du
néant, esprit et matière.

En présence d'Ormuzd, principe du bien et de la lumière, Zoroastre place Ahriman, principe du mal et des ténèbres. Ormuzd a créé, Ahriman veut détruire. Ahriman oppose le mal au bien, les ténèbres à la lumière, le crime à la vertu, la maladie à la santé, la mort à la vie. Ormuzd commande à six puissances bienfaisantes qui l'aident dans l'administration du monde, et Ahriman a sous lui six esprits malfaisants, égaux en force et en puissance.

L'homme, comme toute la création, subit l'influence de cette rivalité du bien et du mal. Chaque homme a son *férouer*, ange de sa destinée, qui le défend contre les démons. Cette lutte durera jusqu'à la fin des temps; alors les ténèbres disparaîtront devant la lumière, la mort devant la vie, le mal devant le bien.

2° **Culte.** — Les cérémonies du culte étaient simples et peu nombreuses. Ormuzd n'avait ni statues, ni temples, ni autels; mais sur les hauteurs s'élevaient des *pyrées*, c'est-à-dire des abris où la flamme sacrée était soigneusement entretenue d'âge en âge. L'entretien du *feu sacré*, voilà ce que réclamait surtout Ormuzd. Il acceptait cependant des victimes, même humaines.

3° **Morale.** — La morale était élevée et pure. L'Iranien devait croire en Dieu, lui adresser des prières et des sacrifices, être simple de cœur, sincère de paroles, loyal dans tous ses actes. L'homme de bien par excellence est celui qui a bonne pensée, bonne parole, bonne action. L'agriculture était surtout recommandée. « C'est un saint homme celui qui s'est construit ici-bas une maison dans laquelle il entretient le feu, sa femme, ses enfants et de bons troupeaux. Celui qui fait produire du blé à la terre, celui qui cultive les fruits des champs, celui-là cultive la pureté, il avance la loi d'*Ahuramazda* (Ormuzd) autant que s'il offrait cent sacrifices. » Une fois sorti de la sainteté, on n'y rentrait que par le repentir accompagné de bonnes œuvres.

4° **Vie future.** — Après la mort, on ne devait ni brûler le corps, ni l'ensevelir, ni le jeter dans une rivière : c'eût été souiller le feu, la terre ou l'eau, tous

objets d'un culte. On avait deux manières de se débarrasser du cadavre sans dommage pour la pureté des
éléments : on le recouvrait d'une couche de cire et on
l'enterrait, ou bien on l'exposait en plein air pour devenir la proie des oiseaux ou des bêtes.

L'âme, après être restée trois jours dans le voisinage
du corps, le quittait pour se rendre au lieu du jugement. Un génie pesait ses actions bonnes et mauvaises,
puis elle passait sur le pont *Chinvat*, jeté sur l'enfer
et menant au paradis. L'âme coupable tombait dans
l'enfer et appartenait à Ahriman; l'âme pure arrivait
sans peine au paradis, où Ormuzd lui fixait une place
jusqu'à la résurrection des corps. « Que tu es heureuse,
lui disait son ange, de passer de la vie mortelle à l'immortalité! »

5° **Caste sacerdotale.** — La caste sacerdotale des
mages, à la fois prêtres et devins, formait une des six
tribus de la nation médique. Hérodote en parle dès les
origines. Les mages, tout-puissants chez les Mèdes, ne
le furent pas moins chez les Perses après Cyrus. Ils se
posèrent en intermédiaires nécessaires entre l'homme et
Dieu. On ne pouvait sans eux offrir le sacrifice ni faire
acte de religion. Vêtus de longues robes blanches, coif-
fés de hautes tiares, tenant en main le faisceau sacré
de tamarisque, ils montaient en procession aux autels,
préparaient la victime, versaient des libations et pro-
nonçaient sur l'offrande les formules sacrées. Les mages
se vantaient de posséder des facultés surhumaines,
d'expliquer les songes, de rendre des oracles, de prédire
l'avenir.

II. — Mœurs et coutumes.

La vie des Perses, à l'origine, fut simple et rude ;
mais ils se laissèrent vite pénétrer par les mœurs des
Mèdes. Ils adoptèrent non seulement leurs armes et leur
costume magnifique, mais encore leurs habitudes de
luxe et de mollesse. La description qu'Hérodote nous
fait du butin trouvé dans le camp des Perses après la

bataille de Platées nous montre quelle était leur opulence. Les vainqueurs trouvèrent en foule des cratères d'or, des coupes et autres vases à boire en or, des lits dorés et argentés, des bracelets, des colliers, des cein-

Taureau ailé. (Musée Dieulafoy, au Louvre.)

tures d'or ; ils dédaignèrent de recueillir les vêtements brodés.

Le roi était entouré de beaucoup de vénération. Quiconque l'approchait devait se prosterner devant lui, et les règles les plus strictes étaient observées dans les cérémonies de la cour. Les Perses, du reste, tenaient singulièrement à l'étiquette. Ils se traitaient entre eux d'après les règles de la politesse la plus minutieuse, et ces règles variaient suivant les conditions.

III. — Arts et sciences.

Les Perses eurent peu de goût pour les sciences. Ils préféraient, pour le besoin qu'ils en avaient, se servir des étrangers, des Grecs surtout. C'est ainsi que l'on trouve plusieurs médecins ou ingénieurs grecs au service du Grand Roi. Ils firent venir aussi des artistes égyptiens pour construire les palais royaux de Persépolis, de Suse et de la Médie.

Ces constructions ne furent cependant pas de simples copies des monuments de l'étranger. L'architecture et la sculpture furent traitées avec autant d'originalité que de succès. Les admirables ruines de Persépolis, que l'on visite encore aujourd'hui, attestent une grande sûreté de goût et prouvent que les Perses surent unir les deux qualités de l'élégance et de la grandeur.

RÉSUMÉ

La religion des Perses et des Mèdes était le *mazdéisme*, ou religion de Zoroastre, qui repose essentiellement sur le *dualisme*, ou lutte de deux esprits, l'un bon, *Ormuzd*, l'autre mauvais, **Ahriman**, assistés chacun d'esprits bons et mauvais. Le culte consistait essentiellement dans l'entretien du *feu sacré*. La morale était simple et pure ; on croyait à un paradis et à un enfer. Les *mages* formaient une caste sacerdotale très influente. Les mœurs des Perses, d'abord rudes, s'amollirent au contact des Mèdes. Ils avaient peu de goût pour les sciences ; mais ils cultivèrent avec succès les arts.

PHÉNICIE

CHAPITRE I

GÉOGRAPHIE DE LA PHÉNICIE. — ORIGINE DES PHÉNICIENS.
LEURS CITÉS

I. — Géographie de la Phénicie.

La *Phénicie* est l'étroit littoral qui s'étend à l'ouest du Liban, depuis Arad au nord jusqu'au Carmel au sud. Simple ruban de terrain, large de dix lieues environ et long de cinquante, ce pays, si l'on excepte les deux petites plaines qui le terminent à chaque extrémité, présente partout l'aspect d'une côte abrupte, creusée de havres nombreux, hérissée de pointes rocheuses qui s'avancent au loin dans la mer et abritent tant bien que mal des mouillages médiocres.

Sur les premières pentes des collines et dans les ravins, l'olivier, la vigne, le blé croissent à merveille. Les croupes du Liban, aujourd'hui tristes et dénudées, étaient couvertes jadis d'immenses forêts de chênes, de pins, de mélèzes, de cyprès, de sapins et de cèdres. Quant aux palmiers, ils s'avançaient jusqu'à la mer, et c'est d'eux que la Phénicie tirerait son nom (*Phœnicia*, pays des *palmes*). On n'y voit point de rivières, mais des torrents impétueux, le Léontès, le Lycus, l'Adonis, qui semblent s'élancer d'un seul bond du Liban à la mer.

II. — Origine des Phéniciens.

Les Phéniciens avaient conservé le souvenir précis de leur origine. Leurs traditions rapportaient qu'ils étaient venus des bords de la mer Érythrée, c'est-à-dire des rivages du golfe Persique. Ils avaient habité tout d'abord auprès des Kouschites, leurs frères d'origine, sur la côte orientale de l'Arabie. Les Phéniciens descendaient de Cham, et étaient une partie de ces tribus chananéennes qui émigrèrent vers le xxve siècle avant Jésus-Christ et vinrent s'établir dans la Syrie méridionale, appelée plus tard, de leur nom, *terre de Chanaan*. Les Phéniciens furent les *Chananéens maritimes*.

III. — Les cités phéniciennes.

En commençant par le nord nous trouvons : 1º *Aradus*, située dans un îlot du même nom. Son enceinte, fort exiguë, était limitée par un mur qui servait à la fois de fortification et de digue. L'eau potable qui alimentait la ville venait d'une source sous-marine.

2º *Tripoli*, fondée à une époque assez récente par les gens d'Aradus, de Sidon et de Tyr.

3º *Gebel*, appelée *Byblos* par les Grecs, située au pied d'un promontoire, dans la position la plus heureuse. Son nom signifiait *le tombeau du dieu*, parce qu'on y montrait la sépulture d'Adonis. Les pèlerins y affluaient de la Syrie entière.

4º *Béryte*, le *Beyrouth* actuel, qui a toujours eu une grande importance maritime. Son nom signifie *les puits, les citernes*. Elle est restée prospère jusqu'à nos jours comme tête de la route conduisant à Damas en Syrie. Béryte fut fondée par Gebel.

5º *Sidon*, aujourd'hui *Saïda*, la plus vieille ville de Phénicie : elle s'intitulait la mère de toutes les autres. On la surnomma *la fleurie*, si riante est la plaine qui l'entoure, si beaux sont ses frais jardins, où bondissent des sources magnifiques.

6° *Tyr*, l'égale de Sidon. Elle portait en réalité dans la langue chananéenne le nom de *Sour* (rocher), et c'est le nom qu'elle a aujourd'hui. Tyr était dans un tout petit îlot, où la population s'entassait dans des maisons de six, sept, huit étages. En face de Tyr s'élevait sur le continent *Palétyr* (vieille Tyr), qui en était le faubourg.

7° A ces villes, nous devons ajouter la cité chananéenne d'*Aco*, nommée *Ptolémaïs* par les Grecs, et que l'on appelle maintenant *Saint-Jean-d'Acre*. Aco, pour se défendre contre les Israélites, se donna à Sidon et entra dans la confédération phénicienne.

De toutes ces cités, il n'y a plus que Beyrouth, l'antique Béryte, qui soit florissante. Les autres ne sont plus que de misérables bourgs. On reconnaîtrait à peine la place où fut Tyr, sans les fûts de colonnes antiques qui gisent çà et là, effleurés par la vague. Les ports se sont ensablés, et l'eau peut à peine y porter des barques. Les ruines elles-mêmes sont insignifiantes : digue et citernes d'Aradus, restes d'un temple de la grande déesse de Gebel (Beltis), nécropole de Sidon, voilà tous les débris de l'architecture phénicienne.

L'industrie a laissé des restes plus importants, tels que des pressoirs, des piscines, des citernes, taillés, ainsi que les tombeaux, en plein roc, comme pour durer toujours.

IV. — Génie des Phéniciens.

L'habitude, et aussi la nécessité, fit des Phéniciens des marins. Ils avaient été marins sans doute sur le golfe Persique ; ils le furent sur les bords de la Méditerranée, et ils demandèrent à la mer la subsistance que n'aurait pu leur donner un territoire resserré et peu fertile. Ils commencèrent par s'occuper de pêche ; puis, une fois accoutumés à la mer, ils se lancèrent au loin dans le commerce et la piraterie. Les voyages au long cours, sur de frêles vaisseaux, ne les effrayèrent point, et aucun peuple de l'antiquité ne les égala pour la hardiesse des

expéditions maritimes. N'ayant d'autres guides que les
astres, ils plongeaient dans les mers inconnues; il a fallu,
pour les dépasser, l'invention de la boussole.

RÉSUMÉ

La Phénicie, étroit littoral à l'ouest du Liban, large de dix
lieues, long de cinquante, eut pour premières populations connues des tribus chananéennes venues, vers le XXV⁵ siècle avant
Jésus-Christ, des rives du golfe Persique. Ses principales cités
furent *Aradus, Tripoli, Gebel* ou *Byblos, Béryte, Sidon, Tyr*
et *Aco*, toutes aujourd'hui bien déchues, sauf Béryte (Beyrouth).
Les Phéniciens devinrent par nécessité marins et marchands, et
par instinct pirates.

CHAPITRE II

HISTOIRE DE LA PHÉNICIE

SOMMAIRE

I. PUISSANCE DE SIDON (1700-1209). — Commerce dans la Méditerranée orientale, l'Archipel et la mer Noire. — Commerce en
Afrique; sur la mer Rouge et sur terre. — Décadence et chute
de Sidon.
II. PUISSANCE DE TYR (1209-900). — Commerce dans la Méditer-
ranée occidentale et dans l'Atlantique. — La ville de Tyr.
III. DÉCADENCE ET RUINE DE LA PUISSANCE COLONIALE DE TYR
(900-650). — Causes de la décadence : révolutions intérieures;
guerres contre les Assyriens; concurrence des Grecs, des
Étrusques et de Carthage.
IV. LA PHÉNICIE DEPUIS LA RUINE DE LA PUISSANCE COLONIALE
DE TYR JUSQU'A ALEXANDRE LE GRAND (650-332). — Coalition
contre Nabuchodonosor (589). — La domination égyptienne. —
La domination perse. — Révolte contre Artaxercès Ochus (345).
— Prise de Tyr par Alexandre le Grand (332).

La Phénicie n'a point d'histoire, ou, si l'on veut, cette
histoire est celle des villes qui jouèrent le rôle le plus
important; car la Phénicie ne fut pas un pays, mais une
série de ports avec une banlieue assez étroite. Il y eut
sur son territoire des cités particulièrement puissantes,
comme Sidon et Tyr; aucune ne fut jamais la souveraine des autres. Loin de là, toutes furent fatalement

condamnées à subir plus ou moins le joug étranger, la Syrie, par sa position géographique, étant comme le champ de bataille nécessaire et perpétuel entre deux nations également puissantes, l'Assyrie et l'Égypte.

I. — Puissance de Sidon.

Sidon fut pendant plusieurs siècles la plus importante des cités phéniciennes, comme il convenait à la fille aînée de Chanaan. La période de sa puissance correspond au temps où régnèrent en Égypte les 18e, 19e et 20e dynasties, les dynasties *conquérantes*. Toute la Phénicie tomba alors sous le joug de l'Égypte. Mais elle n'y perdit rien, elle y gagna plutôt. Les Pharaons, dont le peuple n'était ni commerçant ni marin, qui avaient besoin des Phéniciens pour leurs entreprises sur mer, eurent naturellement pour eux des ménagements particuliers; et, devenus les courtiers privilégiés d'un immense empire, les Phéniciens retrouvèrent en gros bénéfices ce qu'ils perdaient en indépendance.

Commerce de Sidon dans la Méditerranée, l'Archipel et la mer Noire. — Aucune marine ne faisait alors concurrence à la Phénicie dans la Méditerranée; aussi toute la partie orientale de cette mer fut-elle librement explorée par ses marins. Sur les côtes de la Grèce et de l'Asie Mineure, pour éviter de froisser les indigènes, ils se bornèrent à commercer. Mais en revanche, dans les îles, ils fondèrent de vraies colonies appuyées sur une vraie possession. Les deux grandes îles de Chypre et de Crète, si riches, l'une en cuivre, l'autre en pourpre; Rhodes,

Monnaie de Sidon.

Paros, et bien d'autres de l'Archipel furent solidement occupées. Ils poussèrent jusqu'en face de la Thrace, à Thasos, où ils commencèrent l'exploitation de riches mines d'or.

Les Sidoniens étaient arrivés aux portes de l'Hellespont. Franchissant ce détroit, puis le pas redouté du Bosphore, où l'imagination des peuples se représentait les roches Symplégades, prêtes à écraser quiconque s'aventurerait sur ces eaux inhospitalières, ils affrontèrent, avec leurs galères encore bien imparfaites, les orages du Pont-Euxin (mer Noire). Ils filèrent le long de la côte de l'Asie Mineure et vinrent enfin aborder en Colchide, au pied du Caucase, où ils trouvèrent ces trésors que la légende a symbolisés dans *la Toison d'or* : la pourpre, l'ambre, l'étain nécessaire à la fabrication du bronze, le plomb, l'or et l'argent.

Pendant qu'une partie des flottes phéniciennes courait à la découverte du Pont-Euxin, une autre, après avoir exploré la Crète, où s'établirent des colons, occupait Cythère, où les colons trouvèrent en merveilleuse abondance le murex ou coquillage à pourpre. Les Phéniciens se répandirent de là sur les îles Ioniennes, puis en Illyrie, en Italie ; enfin ils pénétrèrent dans la Grèce elle-même, où la légende veut que le Phénicien Cadmus ait fondé la Cadmée ou la forteresse de Thèbes, au cœur de la Béotie.

Commerce en Afrique. — Non contents d'exercer une sorte de monopole en Égypte, où ils couvrirent le Delta de leurs comptoirs, et où ils occupèrent tout un grand quartier dans Memphis, les Sidoniens, longeant le littoral africain, s'avancèrent jusqu'à la Tunisie actuelle, fondant *Leptis* sur le rivage de la Grande-Syrte (Tripolitaine), et *Cambé* à l'endroit où devait s'élever plus tard Carthage. Les colons de ces villes exploitèrent, pour l'intérêt de la mère-patrie, les richesses de l'Afrique occidentale : le blé, la laine, les plumes d'autruche, les dents d'éléphant, la poudre d'or, affluèrent dans les bazars de Sidon.

Commerce par la mer Rouge. — L'ouverture de

la mer Rouge et le monopole de son commerce fut un des principaux avantages que les Sidoniens retirèrent de leur soumission au sceptre des Pharaons. Ils allaient dans les ports de l'Arabie méridionale chercher les produits de ce pays fortuné, l'encens et la myrrhe ; et ils y trouvaient de plus les richesses de l'Inde, débarquées dans les ports d'Aden, de Cana et d'Harran : les pierreries, les métaux, les épices, l'ivoire et les bois de prix.

Commerce sur terre. — Enfin sur terre les relations de Sidon s'étendaient à travers la Syrie jusqu'aux fertiles plaines arrosées par le Tigre et l'Euphrate, et à travers la Palestine jusqu'à l'Arabie. Ainsi un tout petit pays devenait le centre d'un commerce immense.

Décadence et chute de Sidon. — Les Sidoniens ne se bornaient pas au commerce, ils ne se privaient pas d'exercer la piraterie. Mais ce fut là un dangereux exemple. La piraterie devint un métier comme un autre, et bientôt elle se retourna contre ses propres auteurs. Les Grecs orientaux, ou peuples maritimes de l'Asie Mineure, qui s'étaient formés au contact des Phéniciens, qui savaient maintenant, eux aussi, construire le *cheval de mer,* se lassèrent de leurs courses et osèrent les attaquer. Les flottes phéniciennes furent vaincues, les factoreries emportées, et toutes les colonies de l'Archipel tombèrent, sauf quelques-unes, qui subsistèrent à force de concessions et de ménagements.

Sidon cependant était encore debout : elle fut prise et ruinée par un peuple nouveau, du sang japhétique, sorti, à ce que l'on croit, de Crète, et qui était venu s'établir entre la Phénicie et l'Égypte, les *Philistins.* Les habitants qui échappèrent au désastre se réfugièrent à Tyr, et Tyr devint dès lors l'État le plus puissant de la Phénicie (1209).

II. — Puissance de Tyr.

Commerce dans le bassin occidental de la Méditerranée et dans l'Atlantique. — Tyr hérita du domaine colonial de Sidon, domaine fort réduit, il est vrai, dans le bassin oriental de la Méditerranée, par suite du progrès des populations helléniques. Tyr cherccha des compensations à l'ouest. La Sicile, Malte, la Sardaigne, la Corse, et peut-être la côte de la Gaule, les îles Baléares, la pointe septentrionale de l'Afrique qui regarde la Sicile, et où s'élevèrent Utique, Hippone, en un mot, tout le bassin occidental de la Méditerranée; furent occupées et garnies de colons tyriens.

Les vaisseaux de Tyr étaient arrivés aux *colonnes d'Hercule*. Au delà des colonnes commençait le pays de *Tharsis* (Espagne occidentale), une des régions les plus fécondes de l'ancien monde. Les plaines du Guadalquivir (autrefois Bétis) et de la Guadiana produisaient l'huile, le vin, le froment au centuple. Les fleuves y roulaient des paillettes d'or ; les montagnes, alors couvertes de forêts, offraient les métaux les plus variés : or, argent, étain, cuivre, fer. Les mers étaient poissonneuses, et le thon s'y trouvait en abondance. Les colonnes d'Hercule furent dépassées, et le pays de Tharsis conquis. *Gadès,* aujourd'hui Cadix, fondée sur une petite île longue, étroite, devint, grâce

Monnaie de Tyr.

à son admirable situation, le centre des colonies phéniciennes en Espagne, *Cartéja, Malaca, Abdera.*

Les Tyriens se trouvaient en face d'un nouvel océan plus vaste que la Méditerranée ; ils l'exploitèrent au nord et au midi. Au nord, ils remontèrent le long de l'Espagne, traversèrent la mer des Gaules, et pénétrèrent jusqu'aux fameuses îles de l'*étain* ou *Cassitérides* (aujourd'hui Scilly, sur la côte de Cornouailles, en Angleterre). Au midi, ils dépassèrent la côte du Sénégal, et osèrent s'avancer jusqu'au cap Vert. On peut dire que Tyr était la métropole commerciale du monde entier.

La ville de Tyr. — La ville devint trop petite pour la

population qui affluait dans son sein. L'agrandissement de Tyr fut l'œuvre d'Hiram, l'allié de David et de Salomon. Tyr couvrait alors plusieurs îles, séparées l'une de l'autre par des bras de mer peu profonds et semés de ces rochers coupés à fleur d'eau, qui hérissent par endroits les abords de la côte syrienne. Hiram s'ingénia à doubler l'étendue du sol sur lequel reposait sa capitale. Il combla les détroits qui couraient entre les divers quartiers et gagna sur la mer, vers le sud, un terrain considérable au moyen de remblais et de quais fortifiés.

Même en cet état, l'aire occupée par les habitations n'était pas large et ne devait guère loger plus de trente à trente-cinq mille âmes ; Tyr déborda sur le continent, et ses marchands étagèrent leurs villas sur les dernières pentes du Liban ; mais la partie insulaire demeura le siège du gouvernement, grâce à sa position admirable, et au fossé qui l'isolait du monde.

III. — Décadence et ruine de la puissance coloniale de Tyr.

Causes de la décadence. — La puissance coloniale de Tyr se soutint sans faiblir environ trois siècles. La décadence, commencée à la fin du règne d'Ithobaal, père de Jézabel, vers 900 avant Jésus-Christ, était complète vers le milieu du vii° siècle. Parmi les causes qui amenèrent cette décadence, on peut en déterminer trois principales : 1° les fréquentes révolutions qui troublèrent la cité ; 2° les guerres que Tyr soutint contre les rois d'Assyrie et de Babylone ; 3° l'apparition de marines nouvelles, grecque, étrusque et carthaginoise, qui firent concurrence à la marine phénicienne.

1° *Révolutions de Tyr.* — La ville fut constamment troublée par les luttes de l'aristocratie et de la classe populaire. Il y avait antipathie naturelle entre cette aristocratie orgueilleuse de son origine, qu'elle disait divine, et de ses trésors, qu'augmentaient sans cesse les mines, les comptoirs, les colonies lointaines, et la foule des ouvriers, des artisans, des gens du port. La plèbe se vengeait du mépris de la noblesse en faisant et en tuant les rois.

C'est aux luttes intérieures de Tyr que se rattache, d'après la légende, la fuite de Didon et la fondation de Carthage. *Didon*, pour venger son mari *Sicharbal*, grand prêtre de Melkarth ou Hercule, tué par son jeune frère le roi *Pygmalion*, conspira contre le roi. Découverte, elle s'empara par surprise d'une flotte qui était prête à mettre à la voile, y embarqua ses partisans et se dirigea vers l'Afrique. Elle débarqua près de Cambé, et fonda une ville, *Carthage*, appelée à de brillantes destinées (820).

2° *Guerres*. — A ces causes d'affaiblissement se joignirent les guerres malheureuses de Tyr contre les Assyriens. Tyr avait eu d'abord la sagesse de subir de bonne grâce le joug des Assyriens, comme autrefois Sidon celui des Égyptiens. Un roi nommé *Élouli* voulut rompre sa chaîne; il attira sur lui les armes assyriennes. Retiré dans la ville insulaire, pendant dix ans il défia les efforts de Salmanasar IV d'abord, puis de Sargon. Mais il fut vaincu par Sennachérib en 700. Tyr dut subir le joug jusqu'à la chute de Ninive (625).

3° *Concurrence des Étrusques, des Grecs et de Carthage*. — Cette lutte fut d'autant plus fâcheuse pour Tyr, qu'elle se produisit au moment où des rivaux, des ennemis puissants, se levaient sur plusieurs points de la Méditerranée à la fois. La marine étrusque arrêta les progrès des Tyriens en Italie et en Gaule, tandis que la marine grecque, après avoir détruit ce qui restait de la vieille colonisation sidonienne dans l'Archipel, poussait jusqu'en Sicile et s'établissait sur la côte orientale et méridionale de l'île. Carthage elle-même entra vite en rivalité avec la mère-patrie. Les Phéniciens de Sicile, ceux de la côte d'Espagne et ceux de la côte d'Afrique, que Tyr ne pouvait plus défendre, se rangèrent sous la protection de Carthage. L'empire punique remplaça en Occident l'empire tyrien (650); mais le commerce de Tyr n'en souffrit guère.

IV. — La Phénicie depuis la chute de l'empire colonial de Tyr jusqu'à Alexandre le Grand (650-332).

Coalition contre Nabuchodonosor (589). — La chute de Ninive, en 625, rendit à la Phénicie sa liberté. Mais le péril recommença bientôt après la formation de l'empire babylonien, sous Nabuchodonosor. Pour résister au roi de Babylone, Tyr se réconcilia avec Sidon, relevée depuis longtemps. Les deux villes s'unirent à Sédécias, roi de Juda, et à Apriès, roi d'Égypte (589). Cette coalition amena pour Jérusalem sa destruction complète en 588, et pour Tyr un siège mémorable. Elle résista treize ans, et il est probable que Nabuchodonosor, las de piétiner sur place, traita de la paix avec Ithobaal III, qui avait dirigé la défense (574).

La domination égyptienne. — Devenue l'alliée des Chaldéens, la Phénicie vit se tourner contre elle son ancien allié Apriès, dont la flotte, montée par des Grecs, détruisit une flotte phénicienne au service de Nabuchodonosor, enleva Sidon, et força les autres villes à se rendre sans combat ; ainsi le malheureux pays n'échappait à un ennemi que pour devenir la proie d'un autre. La domination égyptienne en Phénicie dura jusqu'au moment où s'éleva l'empire des Perses.

La domination perse. — Les Phéniciens se soumirent de plein gré à Cyrus et à Cambyse, qui leur permirent de garder leurs rois et leurs suffètes. Ils aidèrent Cambyse à conquérir l'Égypte, mais ils refusèrent d'attaquer Carthage et firent ainsi échouer son expédition contre cette ville.

Darius rangea la Phénicie dans une des satrapies de l'empire. Il trouva d'ailleurs dans les Phéniciens des auxiliaires précieux pour ses expéditions contre les Grecs ; ce furent eux qui lui fournirent la plus grande partie des vaisseaux qui combattirent pendant la période des guerres médiques.

Révolte de la Phénicie contre Artaxercès Ochus. — La Phénicie voulut profiter de l'insurrection de l'Égypte contre la Perse pour reconquérir elle-même son indépendance. C'était le moment où Nectanébo luttait glorieusement pour la liberté de son pays.

Dans une assemblée tenue à Tripoli, les représentants des cités phéniciennes élurent généralissime *Tennès*, prince de Sidon. Tennès remporta d'abord une grande victoire ; mais ensuite, à l'approche d'*Artaxercès Ochus*, il perdit courage et chercha lâchement à racheter sa vie par la trahison. Les Sidoniens durent se rendre à merci.

Ochus se montra féroce. Cinq cents citoyens qui s'étaient rendus vers lui, des branches d'olivier à la main, pour implorer la clémence du vainqueur en faveur de la ville, furent égorgés. Les autres alors s'enfermèrent dans leurs maisons et y mirent le feu. Quarante mille personnes périrent dans les flammes. Toutes les villes phéniciennes, épouvantées, firent aussitôt leur soumission (345).

Prise de Tyr par Alexandre (332). — Sidon se releva promptement. Quand Alexandre parut en Phénicie, elle lui ouvrit ses portes. Tyr résista. Le siège de Tyr est mémorable, tant pour sa durée, qui fut de sept mois, que pour les travaux qu'il imposa au conquérant. En partant, Alexandre ne laissa de la ville qu'un monceau de décombres ; mais il lui permit de se relever (332). Pendant bien des siècles encore, Tyr, Sidon et les autres villes de la Phénicie furent florissantes par le commerce et l'industrie.

RÉSUMÉ

L'histoire de la Phénicie, qui n'eut jamais d'unité politique et subit presque constamment la domination étrangère, tient tout entière dans l'histoire de deux villes, *Sidon* et *Tyr*, qui à tour de rôle exercèrent une sorte d'hégémonie.

Sidon exerce cette hégémonie la première, du temps des dynasties conquérantes d'Égypte (18e, 19e, 20e), qui la soumettent sans lui nuire. Elle couvre de ses comptoirs les îles de l'Archipel et les côtes de la mer Noire, accapare tout le commerce égyptien, fonde des colonies dans la Tripolitaine et la Tunisie actuelles, envoie ses navires jusque dans l'Arabie Heureuse, et ses négociants jusqu'à Babylone. Mais la piraterie, que ses marins se permettent sans scrupule, amène des représailles. Les Grecs ruinent presque toutes ses colonies de l'Archipel, et les Philistins la prennent elle - même (1209).

Tyr succède à Sidon. Elle garnit de ses colons les îles de la Méditerranée occidentale, franchit les colonnes d'Hercule, exploite les richesses du pays de Tharsis et s'avance sur l'Atlantique d'un côté jusqu'en Angleterre, de l'autre, jusqu'au Sénégal. Elle y gagne des richesses immenses, et ses habitants ne peuvent pas tenir dans l'îlot qui lui a servi de berceau. Sa puissance coloniale dure trois siècles, puis commence la décadence vers 900. La décadence tient à trois causes principales : aux révolutions intérieures, dont une donne naissance à Carthage; à ses révoltes contre les Assyriens, qui amènent sa prise par Sennachérib en 700; enfin et surtout à la concurrence que lui font les marines des Grecs, des Étrusques, de Carthage même. Sa puissance coloniale est ruinée vers 650, mais non son activité commerciale.

La Phénicie reprend sa liberté à la chute de Ninive en 625. Pour se défendre contre les prétentions de Nabuchodonosor, Tyr s'allie à Sidon, relevée, à Sédécias, roi de Juda, et au roi d'Égypte Apriès (589). Jérusalem est prise et Tyr subit un siège de treize ans. La Phénicie subit ensuite successivement la domination égyptienne, puis la domination perse. Elle se révolte, mais pour être horriblement châtiée, surtout Sidon, contre Artaxercès Ochus (345). Quelques années après (332), Tyr est prise et ruinée par le vainqueur des Perses, Alexandre le Grand, mais ne tarde pas à se relever.

CHAPITRE III

CIVILISATION DES PHÉNICIENS

SOMMAIRE

Commerce. — Industrie. — Agriculture. — Religion. — Influence sur le reste du monde.

Aucun peuple n'a eu sur le monde antique une influence égale à celle du tout petit peuple de Phénicie. Son commerce, son industrie, sa religion, ses arts pénétrèrent partout et partout laissèrent des empreintes profondes.

I. — Commerce.

Le peu que nous avons dit de l'histoire des Phéniciens suffit pour montrer quelle fut l'importance, l'activité de leur commerce. Nous ne reviendrons pas sur ce point. Qu'il nous suffise de remarquer que les Phéniciens étaient, par la situation même de leur pays, comme entraînés au rôle qu'ils ont joué. Ces *routiers des mers* de l'antiquité étaient admirablement placés pour servir d'intermédiaires entre l'Orient et l'Occident.

Il faut voir dans la Bible, surtout dans le prophète Ézéchiel, l'éblouissante énumération des marchandises qui entraient dans les ports de la Phénicie. C'étaient les étoffes et l'asphalte de Babylonie; les chevaux d'Arménie; les vins, les laines, les ânes de Syrie; l'huile, le vin, le baume, les laines de Palestine; le vin, le papyrus d'Égypte; les poissons des mers d'Espagne; enfin les innombrables richesses tirées des mines : cuivre de Chypre, or de l'Asie Mineure et de la Thrace, fer des îles de l'Archipel; argent et plomb d'Espagne; étain du Caucase, d'Espagne, des îles Cassitérides.

Il faut nommer encore les épices, les pierres précieuses et les bois de l'Inde; l'ivoire, les plumes d'autruche, l'ébène de l'Afrique; l'encens, les parfums, les perles de l'Arabie, l'ambre de la mer Baltique, que des caravanes portaient aux vaisseaux phéniciens par la Germanie jusqu'aux bouches de l'Éridan; les broderies d'Égypte, enfin les riches produits de l'industrie indigène.

II. — Industrie.

L'industrie, en effet, était en Phénicie à la hauteur du commerce. Tyr travaillait les célèbres étoffes teintes en pourpre. On tirait la pourpre d'un coquillage que fournissaient les côtes de la Phénicie, l'île de Cythère, la Sicile et les îles Britanniques. Sidon était célèbre par ses verreries; la fabrication du verre avait été empruntée aux Égyptiens, qui la connaissaient dès la 4e dynastie. Les poteries de la Phénicie, ses meubles en cèdre et en bois précieux, ses bijoux, ses bronzes, ses ivoires ciselés étaient recherchés dans le monde entier. Pour leurs œuvres de plastique, d'orfèvrerie, de sculpture, les Phéniciens imitèrent constamment le style égyptien et le style assyrien, mais en mêlant ces deux styles; et

Coupe phénicienne (motifs égyptiens). — Musée du Louvre.

c'est précisément dans ce mélange, fait avec beaucoup de goût, que consiste l'originalité de leur art. Ils furent à leur tour plus tard imités par les Grecs.

III. — Agriculture.

La plus grande partie de la population phénicienne, concentrée dans les villes, s'adonnait à la marine, au commerce et à l'industrie. Les campagnes cependant étaient peuplées aussi et admirablement cultivées. On ne laissait perdre aucun sillon de terre; le blé, l'orge, l'olivier, la vigne, le figuier, le grenadier, poussaient jusqu'au milieu des rochers. Les vins du Liban avaient une réputation qui dure encore. La Phénicie est le seul pays du monde où l'industrie agricole ait laissé des restes grandioses, comme citernes, caves, cuves, taillées dans le roc vif.

IV. — Religion.

La religion phénicienne était analogue à celle de la
Chaldée et de l'Assyrie. Ses divinités sont presque toutes
la personnification des forces de la nature, du soleil, des
astres, du feu, des montagnes, des sources, des cours
d'eau. Au-dessus de tous les dieux trône *Baal* (le *Bel*

Sarcophage phénicien, au Louvre.

de Babylone), c'est-à-dire le *seigneur*, le maître. Il se
confond avec le feu, le soleil, et sa compagne *Astarté* se
confond avec la lune. *Moloch*, dont le sens est *roi*,
n'est qu'un synonyme de Baal.

Au-dessous de Baal, le dieu par excellence, le dieu
national, chaque ville avait une divinité qui était l'objet
d'une dévotion spéciale. Ainsi *Astarté* était particulièrement vénérée à Sidon; *Melkarth* (Hercule) était le
dieu tyrien; *Baalit* ou *Beltis*, la puissante compagne de
Baal, était la grande déesse de Byblos et y partageait
les honneurs divins avec le fameux *Adonis*, autre synonyme de Baal.

Le culte phénicien était un mélange de cérémonies sanglantes et licencieuses, d'une grossièreté révoltante. Les divinités exigeaient le sang non seulement des animaux, mais encore de l'homme. Pour apaiser la colère de Moloch, on lui offrait des enfants. On les brûlait vifs devant lui; le chant des flûtes et des trompettes couvrait leurs cris de douleur; la mère devait être là, impassible, revêtue même d'habits de fête.

Cette religion, les Phéniciens la portèrent partout avec eux. Aucune colonie ne partait de Phénicie sans porter ses dieux ou ses déesses sur ses vaisseaux. Ainsi la Vénus des Grecs et des Latins n'est que l'Astarté de Sidon; leur Hercule n'est autre que le Melkarth de Tyr. Les Phéniciens eurent des temples à Samarie, à Jérusalem, à Memphis, dans l'île de Chypre, à Gadès, à Carthage, à Thèbes en Béotie, dans l'Attique, dans l'île de Cythère, dans l'île de Malte et jusqu'à Putéoli (aujourd'hui Pouzzoles) près de Naples.

V. — Influence générale des Phéniciens.

Cette importation ne pouvait avoir pour les peuples chez qui pénétraient les Phéniciens qu'une influence funeste. Nous ne devons cependant pas méconnaître les services que les Phéniciens rendirent à l'humanité et les progrès qu'ils firent faire à beaucoup d'égards à la civilisation. Par eux des peuples jusque-là sauvages comprirent l'utilité de la navigation, du commerce, de l'industrie. Par eux les arts de l'Égypte, de l'Assyrie, de la Babylonie, passèrent en Europe et civilisèrent le génie grec. Ce furent eux qui répandirent dans le monde entier les lettres de l'*alphabet*, tirées, il est vrai, de l'écriture des Égyptiens. Enfin ils communiquèrent aux Grecs leurs connaissances astronomiques pour la direction des vaisseaux. Pour la civilisation *matérielle* peu de peuples rendirent au monde autant de services que les Phéniciens dans l'antiquité.

RÉSUMÉ

Leur activité commerciale, industrielle, agricole, a valu aux Phéniciens une immense renommée. Ils se rendirent aussi tristement célèbres pour leur religion, dont les dieux, *Baal* (encore appelé *Moloch* et *Adonis*), le soleil, *Astarté* (Vénus), la lune, *Melkarth*, l'Hercule tyrien, réclamaient non seulement des sacrifices sanglants, mais les pratiques les plus honteuses. Néfaste au point de vue religieux, l'influence phénicienne sur le reste de l'Europe n'est qu'à admirer pour la navigation, le commerce, l'industrie, les arts, les calculs arithmétiques, les connaissances astronomiques; bref, pour toute la civilisation matérielle. Nous leur devons en particulier *l'alphabet*.

CHAPITRE IV

LE MONDE CONNU DES ANCIENS (VERS 500 AV. J.-C.)

Les anciens divisaient le monde en trois parties : *Asie, Europe, Libye,* aujourd'hui *Afrique*. L'Asie avait été le berceau de l'humanité; la Libye avait vu fleurir les plus anciens empires. Quant à l'Europe, en 500 avant Jésus-Christ, c'est à peine si elle avait un commencement d'histoire.

1° L'**Asie** était connue presque tout entière. A part les régions glacées de la Sibérie et l'Inde transgangétique, ses diverses contrées ou bien avaient été le théâtre d'événements mémorables, ou bien étaient parcourues et exploitées par les marchands. Inutile de rappeler les fertiles plaines de la Mésopotamie, où l'homme en sortant des mains de son Créateur trouva son Éden, où la voix de Dieu se fit entendre à Abraham, où enfin plus tard devaient s'élever de puissants empires. La Syrie, l'Asie Mineure, l'Arménie, l'Arabie, pays aujourd'hui délaissés, étaient célèbres alors. Le vaste plateau de l'Iran avait été couvert par les flots de l'invasion japhétique; partie du plateau de Pamir, cette population nomade s'y était fixée et avait jeté les fondements de l'empire des Mèdes et des Perses.

Un autre courant, parti du même point, avait porté

des peuples japhétiques dans le bassin de l'Indus d'abord, dans le bassin du Gange ensuite, puis enfin dans tout l'Hindoustan, qui, exploité par cette race énergique et industrieuse, regorgea bientôt de richesses. Des vaisseaux portaient ces richesses à travers la mer Érythrée dans les ports du golfe Persique, ou sur les côtes du golfe Arabique. Les vaisseaux phéniciens venaient les y prendre pour les conduire dans les ports d'Égypte et aussi du royaume d'Israël aux jours de sa splendeur.

L'Asie orientale n'était point négligée. Des marchands mèdes et perses remontaient l'Oxus, qui se jetait alors dans la mer Caspienne, jusqu'au pied des montagnes du Bolor ou Pamir, puis par le désert de Gobi atteignaient la Chine, désignée sous le nom de *Sérique* ou pays de la soie. Enfin dans les vastes steppes avoisinant la Caspienne et le lac d'Aral erraient les Scythes, dont plusieurs tribus au VIIe siècle se précipitèrent sur la Médie et sur la Mésopotamie, pour être ensuite exterminées par Cyaxare ; tandis que les tribus restées en Asie, à force de pousser vers l'ouest, allèrent occuper toute la Russie méridionale, où les rencontra vers 508 le Perse Darius, fils d'Hystaspe. — L'Asie occidentale était alors séparée de l'Europe par le Tanaïs (aujourd'hui le Don) et de l'Afrique par le Nil.

2° **L'Afrique** dans sa masse était peu connue. Les côtes seules avaient été effleurées, et encore la limite des explorations n'atteignait-elle pas la ligne de l'Équateur. Les Phéniciens firent, il est vrai, sous Néchao (617-601), le tour de l'Afrique : mais ce voyage resta sans résultat. Le fameux pays d'*Ophir,* où les flottes combinées des Phéniciens et de Salomon allaient chercher des richesses célèbres, n'a pu encore être bien déterminé. Dans l'océan Atlantique, les Tyriens pénétrèrent jusqu'au cap Vert ; mais celui qui s'avança le plus loin au sud fut l'amiral carthaginois *Hannon,* qui serait allé jusqu'au fond du golfe de Guinée.

Les connaissances des anciens, pour l'Afrique, se bornaient donc à l'Afrique baignée par le golfe Arabique depuis Suez jusqu'au cap Guardafui, à l'Afrique baignée par la Méditerranée, à l'Afrique baignée par l'Océan depuis le détroit des Colonnes jusqu'au golfe de Guinée. La partie la mieux connue était le bassin du Nil, qui dès les temps les plus reculés avait été exploité jusqu'aux montagnes de l'Abyssinie. Des peuples d'Afrique établis sur les bords de la Méditerranée, après les Égyptiens, les plus célèbres furent les colons de Sidon d'abord, de Tyr ensuite, qui fondèrent Cambé, Utique, Hippone, et enfin Carthage. Sur la côte du Maroc qui regarde l'Océan, les Tyriens avaient tendu comme une longue chaine de colonies entre le détroit des Colonnes et le Sénégal.

3º **L'Europe.** — Sauf les Égyptiens, les peuples de l'Afrique, en 500 avant Jésus-Christ, n'ont pas encore d'histoire; il en est de même des peuples d'Europe. A cette époque, l'Europe, à part la Grèce, est moins connue que l'Afrique elle-même; du moins elle n'a pas encore été le siège d'aucun grand empire.

Rome existait; mais, après avoir traversé sous ses rois une période assez brillante, elle avait elle-même brusquement interrompu le cours de sa prospérité par l'expulsion des Tarquins. L'Italie restait partagée en un grand nombre de peuplades obscures. Les îles de la Méditerranée, couvertes autrefois de comptoirs phéniciens, obéissaient maintenant à Carthage. Vers 600, les Phocéens avaient fondé, sur la côte de la Gaule, Marseille. Des caravanes, suivant une route que nous ne connaissons pas, apportaient aux Grecs de Marseille l'étain du pays de Cornouailles; tandis que d'autres caravanes, traversant la Germanie, portaient l'ambre jaune de la Baltique soit sur les côtes de la Ligurie, soit sur les bords de l'Adriatique. L'Espagne, connue depuis longtemps, était exploitée par les Carthaginois, héritiers des Tyriens. Les marins de Carthage ne craignaient pas de s'enfoncer au loin dans l'Océan. Ils allaient jusque dans les îles Britanniques pour y acheter de l'étain, et jusqu'aux côtes du Jutland pour se procurer de l'ambre jaune.

Dans le monde ancien, ce sont les races de Cham et de Sem qui ont joué le premier rôle; la race de Japhet s'est tenue dans l'effacement. A son tour maintenant de prendre en main la direction de la civilisation. Le mouvement partira d'un tout petit peuple, resserré dans un étroit territoire, les *Grecs*. Grâce à eux, l'Europe va sortir de son obscurité, et le sceptre que les Grecs lui ont mis entre les mains, l'Europe le tient encore. La bénédiction appelée par Noé sur Japhet s'est réalisée : « Que Dieu, s'écriait le patriarche, élargisse les maisons de Japhet, qu'il habite sous les tentes de Sem, et que Chanaan soit son serviteur ! »

APPENDICE

I. — Écritures des Égyptiens.

Les monuments égyptiens sont couverts d'inscriptions gravées en caractères appelés *hiéroglyphes*. Ces inscriptions, avec les anciens papyrus, forment la source la plus précieuse de l'histoire de l'Égypte; si on n'était point parvenu à les déchiffrer, l'histoire de ce pays n'aurait jamais été que fort incomplétement connue.

Le point de départ de l'étude du déchiffrement fut la découverte, en 1798, de *l'inscription de Rosette*. L'inscription comprend trois textes : le premier en caractères *hiéroglyphiques*, tels qu'ils sont écrits sur les monuments; le deuxième en caractères *démotiques*, tels qu'on les voit dans les papyrus égyptiens; et le troisième en *grec*. Cette précieuse inscription fournissait un moyen de comparaison entre le texte égyptien et le texte grec ; car on présuma tout d'abord que les deux textes égyptiens ne faisaient que répéter le texte grec, dont la lecture n'offrait aucune difficulté.

Les savants se mirent aussitôt à l'œuvre, mais sans grand succès. Ce ne fut que vingt-trois ans après la découverte de l'inscription que le Français *Champollion le jeune* parvint à trouver la méthode à suivre pour la lecture des textes égyptiens. Il prouva que les trois écritures connues : *hiéroglyphique*, *hiératique* et *démotique*, ne sont au fond que la même écriture.

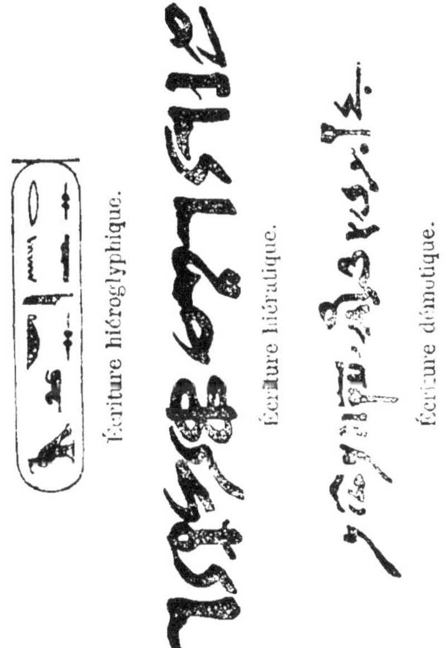

L'écriture hiéroglyphique était surtout consacrée aux inscriptions que l'on gravait sur les monuments. L'écriture hiératique était employée quand on écrivait sur le papyrus à l'aide d'un *calamos* de roseau, de bois ou de métal; les plus anciens papyrus hiératiques conservés remontent à la 11e dynastie, soit peut-être à 3000 ans avant Jésus-Christ. Enfin l'écriture démotique fut employée à partir du VIIe siècle pour la rédaction des contrats et dans le commerce.

Comme on peut s'en convaincre, ces trois écritures ne diffèrent que par leurs tracés de plus en plus cursifs; l'*hiératique* est déjà moins solennelle, mais beaucoup plus rapide que l'*hiérogly-phique*; et la *démotique* est la plus expédiée, la plus commode des trois pour l'usage journalier; aussi fut-elle promptement *populaire*, d'où son nom de *démotique*.

Champollion, en outre, démontra que dans l'écriture égyp-tienne il faut distinguer quatre sortes de signes : 1° des signes *alphabétiques*, exprimant chacun un son, comme les lettres de notre alphabet; 2° des signes *syllabiques*, représentant chacun une syllabe ; 3° des signes *figuratifs*, représentant par leur propre image les objets du monde physique; exemples ☉ soleil. ☽ lune; 4° des signes *symboliques*, exprimant une idée, soit abstraite, soit concrète, par l'image d'un objet physique. Ainsi le *lion* représente la *vaillance ;* le *soleil* représente le *jour ;* l'*abeille* représente le *roi*.

Ainsi s'écroulait le système qui avait tendu d'abord à prévaloir, et qui voulait voir partout des signes *figuratifs* et *symboliques*.

Il a été démontré par M. de Rougé que l'*alphabet* phénicien, qui a rendu un si grand service à la civilisation, et sur lequel repose notre alphabet, dérivait des hiéroglyphes égyptiens. Le mérite des Phéniciens n'a pas été d'inventer les *lettres*, mais de s'en servir à l'exclusion des signes *figuratifs* et *symboliques*.

II. — Écritures cunéiformes.

Divers peuples parlant des idiomes différents, tels que les Chaldéens, les Assyriens, les Susiens, les Arméniens, les Mèdes et les Perses, employèrent une même écriture appelée *cunéiforme*.

On est convenu d'appeler *cunéiforme,* un système d'écriture dont le signe le plus ordinaire a la forme d'un coin (*cuneus*). Ce signe est tantôt horizontal —, tantôt vertical |, tantôt tordu en forme de crochet <.

Le cartouche suivant, qui est celui de Nabuchodonosor, don-

nera une idée d'une inscription cunéiforme. Bien que la chose puisse paraître étrange, cette écriture au fond est l'écriture égyp-tienne. Les paquets de clous qui forment aujourd'hui les carac-tères cunéiformes dérivent de signes hiéroglyphiques défigurés au cours des âges.

La découverte des palais d'Assyrie, l'exploration de la Baby-lonie, de la Susiane, de l'Arménie, ont révélé une foule d'ins-criptions cunéiformes d'une importance capitale pour l'histoire de ces contrées.

FIN

TABLE DES MATIÈRES

Assyriens et Babyloniens.

Les Mèdes et les Perses.

Phénicie.

30073. — Tours, impr. Mame.

www.ingramcontent.com/pod-product-compliance
Ingram Content Group UK Ltd.
Pitfield, Milton Keynes, MK11 3LW, UK
UKHW021642170726
13836UKWH00005B/2340